> 作りたいものが見つかる！
> 1年中使えてボリューム満点！

製作よくばり図鑑

はじめに

　シンプルでかわいい製作物を481点も集めた「製作よくばり図鑑」ができました。こいのぼり・クリスマス・おひなさまといった行事の製作から、子どもたちを取り巻くいろいろなものが、食べ物・植物・動物…とジャンルに分けられ、豊富に紹介されています。
　時間に追われる多忙な保育の現場で、楽しい造形を目ざし、心穏やかに子どもたちを見守るためには、先生の頭の中にあるイメージの引き出しをいつも、いっぱいにしておくことが大切です。この本を手にしたらパラパラと眺めるように見てください。見ているだけで、イメージの引き出しに「やってみようかな！」が増えていきます。作り方のポイントやことばがけなど、子どもたちの「やった！　できた！」という気持ちを何より大切にするためのテクニックも掲載。この本が、1冊あればきっとあなたの引き出しは、「いいこと」や「やってみようかな！」で、満たされることでしょう。

目次

本書の特徴 …………………………… 裏表紙

はじめに ……………………………… 1

50音索引 ……………………………… 6

第1章　季節の行事 …………… 08

こいのぼり（矢車・吹き流し） ……… 10
＊うろこもにっこりこいのぼり　＊うろこを染めよう
＊デカルコマニーしよう　＊コラージュこいのぼり
＊ポリ袋のキラキラこいのぼり　＊矢車と吹き流し

かぶと ……………………………… 12
＊新聞紙のゴージャスかぶと　　＊にっこりかぶと

野菜（スイカ・ナス・キュウリ） …… 13
＊ぷっくりナス　＊色画用紙のナス　＊種いっぱいスイカ
＊七夕キュウリ

伝統切り紙 ………………………… 14
＊輪つなぎ　＊貝つなぎ　＊四角つなぎ　＊星付き網
＊キラキラ星　＊ちょうちん　＊魚の吹き流し

織り姫・彦星 ……………………… 16
＊お座り飾り　＊ペタペタ織り姫・彦星
＊ぷっくり顔の織り姫・彦星　＊ひしつなぎの織り姫・彦星
＊織り姫・彦星の短冊　＊七夕ロケット　＊星に乗ってなかよし七夕

夜店（お面・金魚・風鈴） ………… 18
＊夜店で何を買おうかな♪　＊わくわくクレープ屋さん
＊金魚すくいをしよう！　＊ペットボトルの風鈴　＊クマさんお面
＊うさぎちゃんの風鈴

夜店（綿菓子・タコ焼き・焼きそば） … 20
＊焼きそばはいかが？　＊あつあつタコ焼き
＊ニコニコ綿あめ　＊たっぷりチョコバナナ
＊フルーツあめをどうぞ　＊顔付きベビーカステラ

うちわ ……………………………… 22
＊アサガオのうちわ　＊ロケットで出発！
＊ケロケロ親子うちわ

日本のお化け ……………………… 23
＊ちょうちんお化け　＊から傘お化け　＊お化け　＊げたお化け

魔女と黒ネコ ……………………… 24
＊ぼうし　＊ほうき　＊マント　＊毛糸の髪の魔女
＊円筒のネコ　＊円筒の魔女

パンプキン ………………………… 26
＊ポリ袋のカボチャ　＊カボチャのリース　＊カボチャボール
＊キャンディバッグ

西洋のお化け（ミイラ・コウモリ） … 27
＊ボトルキャップグモ　＊ヒラヒラお化け　＊ぼうしお化け
＊ミイラ坊や　＊コウモリ

サンタクロース …………………… 28
＊モールのつるしサンタ　＊スケルトンサンタ　＊プレゼントをどうぞ

トナカイ …………………………… 29
＊ナチュラルトナカイ　＊お洋服を着せよう
＊にっこりトナカイ　＊筒型トナカイ

ツリー ……………………………… 30
＊キラキラクリアツリー　＊ぷっくりツリー　＊おしゃれツリー
＊つり下げツリー　＊重ねてツリー　＊飾れるツリー　＊はじき絵ツリー

オーナメント（天使・靴下・雪だるま・プレゼント） …… 32
＊おしゃれ靴下　＊紙皿リース　＊ハギレオーナメント
＊雪だるま　＊キャンドル　＊スノーマン靴下　＊ふんわり天使
＊キラキラベル

獅子舞 ……………………………… 34
＊絵馬ふう獅子舞　＊ペーパー芯のゆらゆら獅子舞
＊ポリ袋のびっくり獅子舞　＊パペット獅子舞　＊はじき絵獅子舞
＊パクパク獅子舞

こま ………………………………… 36
＊こま飾り　＊紙コップごま　＊牛乳パックごま

羽子板 ……………………………… 37
＊子ども羽子板　＊キラキラ羽子板　＊にじみ絵羽子板
＊ふんわり羽子板

絵馬 ………………………………… 38
＊お絵描き絵馬　＊和柄絵馬

お正月いろいろ（凧・鏡もちなど） … 39
＊しめ縄　＊にっこり鏡もち　＊ビニール凧

鬼（まめ・鬼の家） ………………… 40
＊紙皿の鬼　＊ビッグ鬼　＊鬼のおうちへGO！
＊まきまきパンツ鬼　＊まんまる顔の鬼　＊鬼の豆入れ

おひなさま ………………………… 42
＊色紙おひなさま　＊重ね折りおひなさま
＊はじき絵おひなさま　＊おひなさまバッグ
＊壁掛けおひなさま　＊おひなさまロール

ひなまつり（ひしもち・ぼんぼりなど） … 44
＊三人官女　＊五人ばやし　＊お花　＊フラワーぼんぼり
＊ひしもち　＊ふんわりぼんぼり　＊お絵描きぼんぼり　＊ひなだんす

第2章　食べ物 …………… 46

パフェ、アイス、かき氷 …………… 48
＊ひんやりパフェ　＊たっぷり詰め込みパフェ
＊はじき絵のパフェ　＊アイスキャンディ
＊はじき絵・にじみ絵のアイス　＊かき氷

ケーキ ……………………………… 50
＊スポンジロールケーキ　＊壁掛けケーキ　＊ケーキカード
＊カップケーキ　＊まきまきケーキ　＊デコレーションケーキ

お菓子いろいろ（クッキー・チョコ・ドーナツ） …… 52
＊ビスケットをどうぞ　＊いちご味のプリッツ
＊クラフトドーナツ　＊ラッピングクッキー　＊クルクルスナック
＊チョコレートボックス　＊ふわふわポップコーン

ジュース …………………………… 54
＊はじき絵ジュース　＊フルーツジュース　＊ミニジュース

ピザ …………… 55
＊プチピザ　＊みみ付きピザ

パン（ハンバーガー・フランスパン・クロワッサン） …………… 56
＊ハンバーガー屋さんへようこそ！　＊クグロフ＆クロワッサン
＊焼きたてマロンデニッシュ　＊フランスパン

お弁当 …………… 58
＊お弁当の時間だよ♪　＊お弁当のおかず

鍋、シチュー（おでんも含む） …………… 60
＊挟んでお鍋　＊はじき絵シチュー　＊ホカホカシチュー
＊具だくさんおでん　＊アツアツおでんを召し上がれ

スパゲティ …………… 62
＊毛糸のスパゲティ　＊色画用紙のクリームパスタ

うどん、そば …………… 63
＊うどん　＊カレーうどん　＊そば

おもち …………… 64
＊オーブンおもち　＊ぷっくりおもちのお雑煮
＊ペープサートおもち

おせち …………… 65
＊おいしいおせちいっぱい

お寿司 …………… 66
＊お寿司セット

中華料理 …………… 67
＊飲茶セット　＊杏仁豆腐　＊冷やし中華

第3章　動物 …………… 68

鳥 …………… 70
＊ゆらゆら鳥　＊ふんわりしっぽ鳥　＊子育て鳥の巣

ペンギン …………… 71
＊アイスペンギン　＊色画用紙ペンギン　＊おさかなおいしいな

ひよことニワトリ …………… 72
＊ニワトリ親子がGO！　＊エプロンニワトリ

フクロウ …………… 73
＊おっきい目玉のフクロウ　＊紙コップフクロウ
＊ぽってりフクロウ　＊スマートフクロウ

オオカミ …………… 74
＊ペープサート型オオカミ　＊すっぽり帽子型オオカミ
＊指人形オオカミ

いぬ …………… 75
＊グルグルダルメシアン　＊お散歩しよう
＊にこにこダックスフント

ひつじ …………… 76
＊ひつじのモビール　＊スタンプひつじ
＊クルクル毛糸のひつじ

クマ …………… 77
＊コーディネートしよう　＊だっこクマさん
＊紙袋のお座りクマさん

たぬき …………… 78
＊封筒たぬき　＊紙コップぽんぽこ

キツネ …………… 79
＊ふさふさしっぽでしょ？　＊るんるんキツネ

＊牛乳パックギツネ

うさぎ …………… 80
＊まるまるうさぎ　＊ゆらゆらうさぎ　＊パックンうさぎ
＊まきまきうさぎ　＊封筒うさぎ　＊四角のうさぎ

ヤギ …………… 82
＊郵便ヤギさん　＊ヤギのはり絵　＊紙コップのヤギ家族

サル …………… 83
＊色画用紙のサル　＊サルの親子　＊正装サルさん

ネズミ …………… 84
＊ネズミのお面　＊振りそでネズミ　＊小さなおすもうさん
＊お菓子の箱で指人形　＊紙粘土のネズミ
＊空き容器を生かしたチビネズミ

カンガルー …………… 86
＊プレゼントボックス　＊レターポケット

ブタ …………… 87
＊子ブタのレターラック　＊ビッグマリオネット

動物園・サーカス（ゾウ・キリン・ライオン） …………… 88
＊サーカスにおいでよ！　＊紙粘土ライオン
＊簡単キリン　＊指スタンプをしよう　＊動物園を作ろう！
＊パーティアニマル

十二支（うし・トラ・タツ・ヘビ・うま・イノシシ） …………… 90
＊紙袋のうし　＊円筒のトラ　＊紙コップのタツ　＊うずまきヘビ
＊指人形のうま　＊封筒のうま　＊コーヒーフィルターイノシシ

第4章　虫や小さな生き物 …………… 92

テントウムシ …………… 94
＊フォトフレームテントウムシ　＊ナナホシテントウムシ
＊ガチャポンケーステントウムシ

みつばち …………… 95
＊フラワーペーパーのハチ　＊ハチの巣
＊お花畑に行こう♪　＊ビニールバチ

ちょうちょ …………… 96
＊ペタペタちょうちょ　＊背中に乗せて　＊紙皿ちょうちょ
＊丸シールのカンタンちょうちょ　＊ちょうちょとお花畑

カタツムリ …………… 98
＊カタツムリハウス　＊手乗りカタツムリ
＊キラキラカタツムリ　＊アジサイのおうち
＊カラフルカタツムリ　＊ふんわりカタツムリ

カブトムシ・クワガタムシ …………… 100
＊ツリーハウスへようこそ！
＊動かせる紙コップカブト＆クワガタ

セミ …………… 101
＊ビニールの羽のセミ　＊虫カゴ　＊封筒のセミ

トンボ …………… 102
＊セロハンの羽のトンボ　＊ピカピカ目のトンボ
＊ナチュラル素材のトンボ　＊動かせるトンボ
＊紙テーププリティトンボ　＊色紙をはったトンボ　＊クリアトンボ

ミノムシ …………… 104
＊ひも通しミノムシ　＊紙コップで
＊ハギレのコラージュミノムシ　＊ペーパー芯を使って　＊色画用紙で

3

第5章 植物 ………………………… 106

花（寄せ植え） ………………………………… 108
- 入れ替えはち植え　＊紙コップで　＊果物ネットで
- 菓子箱で　＊ビニール花束　＊カラフルお花のバスケット

さくら …………………………………………… 110
- ふんわりさくら　＊重ね切りしよう　＊切り紙のさくら

菜の花 …………………………………………… 111
- ペタペタ菜の花　＊毛糸でクルクル菜の花　＊お花のパーツで

タンポポ ………………………………………… 112
- チェックタンポポ　＊くるくる巻きタンポポ
- 元気いっぱい花びら　＊飛んでる綿毛　＊ふわふわ綿毛
- ふんわり綿毛　＊花びらいっぱいタンポポ

チューリップ …………………………………… 114
- チューリップカード　＊お菓子のチューリップ
- 親指姫といっしょ

カーネーション ………………………………… 115
- カーネーションの花束　＊ポップな一輪挿し
- クレープカーネーション

アジサイ ………………………………………… 116
- くるくるアジサイ　＊プチプチアジサイ
- アーチのぶくぶくアジサイ　＊ふりかけアジサイ
- 小窓からこんにちは

ひまわり ………………………………………… 118
- 麻ひもを巻いた大きなひまわり　＊にっこりひまわりうちわ
- ひらひらひまわり

アサガオ ………………………………………… 119
- 切り紙のアサガオ　＊染め紙のアサガオ

つくし …………………………………………… 120
- 色画用紙でカンタンつくし　＊大きーいつくし

モモの花 ………………………………………… 121
- 5つの丸でモモの花　＊色画用紙でモモの花　＊ふんわりモモ
- ほっこりモモの花

イチゴとサクランボ …………………………… 122
- 紙粘土イチゴ　＊顔付きイチゴ　＊ペーパー芯のサクランボ
- ポンポンサクランボ

リンゴとミカン ………………………………… 123
- 芯までかわいいリンゴ　＊輪っかミカン　＊窓あきリンゴ

ブドウ …………………………………………… 124
- 輪っかのブドウ　＊透明容器のマスカット　＊ブドウのカバン
- 輪つなぎブドウ　＊ボトルキャップのブドウ　＊ブドウ君がいるよ！

きのこ …………………………………………… 126
- 着せ替えきのこ　＊封筒きのこ　＊染め紙きのこ

ドングリ ………………………………………… 127
- ドングリの帽子屋さん　＊色画用紙ドングリ
- クヌギのドングリ

クリ ……………………………………………… 128
- ようこそクリハウスへ！　＊開閉式イガグリ　＊ぷっくりクリ
- 色紙を折って　＊封筒クリ

サツマイモ ……………………………………… 130
- コーヒーフィルターのイモ　＊クラフト紙のネジネジイモ
- 指人形で仲よしイモファミリー　＊サツマイモバッグ
- 紙コップでイモ掘り　＊みんなでイモ掘りしよう

野菜 ……………………………………………… 132
- かぶ　＊にんじん　＊トウモロコシ　＊プチトマト　＊ゴボウ

葉っぱ …………………………………………… 133
- いろいろ葉っぱ　＊ストローでススキ

第6章 水の生き物 ……………… 134

魚 ………………………………………………… 136
- ゆらゆらフレーム　＊透明パックの魚　＊封筒で魚に
- カラフル尾びれのお魚　＊階段折りの魚　＊ねじって小魚

タコ ……………………………………………… 138
- クルリンタコ　＊スミをはいちゃうぞ！

イカ ……………………………………………… 139
- スチレントレイカ　＊封筒と紙テープのイカ

クラゲ …………………………………………… 140
- 動くクラゲ　＊ビニール袋のクラゲ　＊パッケージクラゲ

カニ ……………………………………………… 141
- スケルトンガニ　＊お菓子の空き箱ガニ

カメ ……………………………………………… 142
- カメの親子　＊デカルコマニーガメ　＊キラキラガメ

クジラ・サメ …………………………………… 143
- 潮をブシューッ！　＊波のりクジラ　＊ダイナミックシャーク

カエルとオタマジャクシ ……………………… 144
- ピョンピョンガエル　＊小川をスイスイ♪
- オタマジャクシの池　＊ランチパックの池　＊オタマジャクシのおうち

海の生き物いろいろ（ヒトデ・マンボウ・アンコウ・ハリセンボン） … 146
- マンボウ　＊ハリセンボン　＊チョウチンアンコウ
- 仲よしヒトデ　＊うずまきヤドカリ　＊マスキングヤドカリ

第7章 身に付けるもの ………… 148

傘 ………………………………………………… 150
- 色画用紙のるんるん傘　＊雨つぶと傘のモビールふう
- ビニール傘をさそう　＊紙皿を半分に折って　＊はじき絵の傘

ビーチサンダルと浮き輪 ……………………… 152
- 空き容器で麦ワラ帽子　＊プチプチ浮き輪
- 色画用紙でビーチサンダル　＊クラフト紙で麦ワラ帽子

カバン・リュック ……………………………… 153
- 紙袋リュック　＊リュックを見せて♪

手袋 ……………………………………………… 154
- あったか手袋　＊はじき絵でわくわくミトン
- 色画用紙のかんたんミトン

パンツ・服 ……………………………… 155
- お洗濯しよう！　＊ペーパー芯のものほしざお
- はじき絵の服

アクセサリー …………………………… 156
- キラキラ指輪　＊ハートのペンダント
- ハギレとビーズのブレスレット　＊おしゃれミラー
- クリア腕時計　＊時計型ペンダント　＊カラフルポップ眼鏡

第8章　いろいろな人 …………… 158

子ども …………………………………… 160
- いろいろなポーズに　＊縄跳びに挑戦！　＊布をはって
- あったか服でサッカーしよう　＊マフラーを巻いて

子ども（おしゃれ） …………………… 162
- 着せ替えレインコート　＊レッツフラダンス♪
- 海に潜ってシュノーケリング　＊わたしはスケーター
- 制服でにっこり！　＊運動大好き！

**家族
（お父さん・お母さん・おばあちゃん・おじいちゃん・赤ちゃん）** … 164
- おくるみ赤ちゃん　＊赤ちゃんといっしょ　＊ポーズをきめよ♪
- 大好き家族　＊おじいちゃんとおばあちゃん

宇宙飛行士、ロボット、消防士 ……… 166
- 宇宙へGO！　＊ロボットどけい　＊それいけ消防士さん

コックさん・ウエイトレスさん・お医者さん … 167
- ウキウキコックさん　＊ケーキはいかが？　＊診察しましょう！

殿様・姫様・忍者（和風） ………… 168
- 綱渡りの術　＊ミニ姫様　＊お殿様のお通りだ！

王様・お姫様・王子様（洋風） …… 169
- キラキラ王子様　＊紙コップキング　＊おすましお姫様

妖精（花の精・雪の精・秋の精） …… 170
- キラキラの精　＊雪の精　＊葉っぱの精　＊お花の精
- ふわり羽の精

第9章　乗り物・建物・風景 …… 172

ロケット、飛行機、UFO ……………… 174
- ペットボトルの飛行機　＊ペーパー芯の鳥形飛行機
- ロケットに乗って　＊透明ロケット　＊くるくるUFO

車 ………………………………………… 176
- パトカーが通ります　＊園バスでGO！　＊ブルドーザー

電車、汽車 ……………………………… 177
- 満員電車に乗って　＊シルエットふう汽車

船・ヨット ……………………………… 178
- ブカブカヨット　＊かんたんヨット　＊牛乳パック船

- 黒の海賊船　＊舟で出発！

建物いろいろ …………………………… 180
- テントオープン！　＊かわいい屋根のおうち　＊わくわくベーカリー
- 信号機　＊ファミリーマンション　＊線路　＊道路　＊木の柵

お城 ……………………………………… 182
- 円筒キャッスル　＊忍者の城でござる

遊具 ……………………………………… 183
- 遊具で遊ぼう　＊アニマル観覧車

風船 ……………………………………… 184
- ステンドグラス風船　＊窓をあけて　＊カラフル風船

島・山・畑 ……………………………… 185
- 大きなお山　＊わくわくアイランド　＊野菜畑

太陽・月・風・雲・雨など …………… 186
- ひょっこりお月様　＊ひゅ〜ひゅ〜風さん
- にっこり雨粒さんとふわふわ雲　＊太陽と月のステッキ

第10章　製作よくばりマニュアル … 187

土台と飾りを組み合わせて …………………… 188

〈土台いろいろ〉

使う物 …………………………………… 190
- 空き箱のレターラック　＊紙皿のレターラック
- クリアフォルダーのレターラック　＊ペン立て　＊小物入れ
- 牛乳パックの小物入れ

遊べる土台 ……………………………… 191
- 絵本　＊カード型　＊収納型

壁かけ …………………………………… 191
- かけ軸　＊紙皿リース　＊モビール

飾りいろいろ …………………………… 192
- 千代紙・色紙　＊フラワーペーパー　＊紙テープ
- 色画用紙を紙テープ状に　＊片段ボール　＊マスキングテープ
- 毛糸　＊モール　＊フェルト　＊布

いろいろな平面技法 …………………… 196
- スタンピング　＊バチック（はじき絵）　＊ペンのにじみ絵
- デカルコマニー（合わせ絵）　＊染め紙　＊マーブリング（墨流し）
- コンテの指ぼかし　＊のり絵の具

接着方法と道具類の使い方 ………… 198
- のりの使い方　＊のりのはり方　＊テープ類の使い方
- 木工用接着剤　＊ハサミの使い方　＊丸を切る　＊重ねて切る
- 左右対称のものの切り方

その他の道具類 ………………………… 200
- 穴あけパンチ、クラフトパンチ
- ホッチキス　＊丸い棒　＊洗濯バサミ

50音索引

あ
- アイス ・・・・・・・・・・・・・・・・・・・ 49
- アクセサリー ・・・・・・・・・・・・・ 156・157
- アサガオ ・・・・・・・・・・・・・・・ 22・119
- アジサイ ・・・・・・・・・・・・ 99・116・117
- あめ（キャンディ） ・・・・・・・・・・・・・ 21
- 雨 ・・・・・・・・・・・・・・・・・・・・ 186
- 杏仁豆腐 ・・・・・・・・・・・・・・・・・ 67
- イカ ・・・・・・・・・・・・・・・・・・ 139
- イチゴ ・・・・・・・・・・・・・・・・・ 122
- いぬ ・・・・・・・・・・・・・・・・・・・ 75
- イノシシ ・・・・・・・・・・・・・・・・・ 91
- 浮き輪 ・・・・・・・・・・・・・・・・・ 152
- うさぎ ・・・・・・・・・・・・・・・・ 80・81
- うし ・・・・・・・・・・・・・・・・・・・ 90
- うちわ ・・・・・・・・・・・・・・・ 22・118
- うどん ・・・・・・・・・・・・・・・・・・ 63
- うま ・・・・・・・・・・・・・・・・・・・ 91
- 絵馬 ・・・・・・・・・・・・・・・・・・・ 38
- 王様 ・・・・・・・・・・・・・・・・・・ 169
- 王子様 ・・・・・・・・・・・・・・・・・ 169
- オオカミ ・・・・・・・・・・・・・・・・・ 74
- オーナメント ・・・・・・・・・・・・・・ 32・33
- お城 ・・・・・・・・・・・・・・・・・・ 182
- お寿司 ・・・・・・・・・・・・・・・・・・ 66
- おせち ・・・・・・・・・・・・・・・・・・ 65
- オタマジャクシ ・・・・・・・・・・ 22・144・145
- おでん ・・・・・・・・・・・・・・・・・・ 61
- 鬼（お面など） ・・・・・・・・・・・・ 40・41
- お化け ・・・・・・・・・・・・・・・・ 23・27
- おひなさま ・・・・・・・・・・・ 42・43・44・45
- お姫様 ・・・・・・・・・・・・・・・・・ 169
- お弁当 ・・・・・・・・・・・・・・・・ 58・59
- お面 ・・・・・・・・・・・・・・・ 19・40・84
- 織り姫・彦星 ・・・・・・・・・・・・・ 16・17

か
- カーネーション ・・・・・・・・・・・・・・ 115
- カエル ・・・・・・・・・・・・・・ 22・144・145
- かき氷 ・・・・・・・・・・・・・・・・・・ 49
- 傘 ・・・・・・・・・・・・・・・・・ 150・151
- 家族 ・・・・・・・・・・・・・・・・ 164・165
- カタツムリ ・・・・・・・・・・・・・・・ 98・99
- カニ ・・・・・・・・・・・・・・・・・・ 141
- カバン（リュック） ・・・・・・・・・・・・ 153
- かぶ ・・・・・・・・・・・・・・・・・・ 132
- かぶと ・・・・・・・・・・・・・・・・・・ 12
- カブトムシ ・・・・・・・・・・・・・・・ 100

- カメ ・・・・・・・・・・・・・・・・・・ 142
- カンガルー ・・・・・・・・・・・・・・・・ 86
- 観覧車 ・・・・・・・・・・・・・・・・・ 183
- 汽車 ・・・・・・・・・・・・・・・・・・ 177
- キツネ ・・・・・・・・・・・・・・・・・・ 79
- きのこ ・・・・・・・・・・・・・・・・・ 126
- ギョウザ ・・・・・・・・・・・・・・・・・ 67
- キリン ・・・・・・・・・・・・・・・・ 88・89
- 金魚 ・・・・・・・・・・・・・・・・・・・ 19
- クジラ ・・・・・・・・・・・・・・・・・ 143
- クッキー ・・・・・・・・・・・・・・・・・ 53
- 靴下 ・・・・・・・・・・・・・・・・・・・ 33
- クマ ・・・・・・・・・・・・・・・・・・・ 77
- 雲 ・・・・・・・・・・・・・・・・・・・ 186
- クラゲ ・・・・・・・・・・・・・・・・・ 140
- クリ ・・・・・・・・・・・・・・・・ 128・129
- 車 ・・・・・・・・・・・・・・・・・・・ 176
- クレープ屋さん ・・・・・・・・・・・・・・ 18
- クワガタムシ ・・・・・・・・・・・・・・ 100
- ケーキ ・・・・・・・・・・・・・・・・ 50・51
- こいのぼり ・・・・・・・・・・・・・・ 10・11
- 子ども ・・・・・・・・・・・・ 160・161・162・163
- ゴボウ ・・・・・・・・・・・・・・・・・ 132
- こま ・・・・・・・・・・・・・・・・・・・ 36

さ
- 魚 ・・・・・・・・・・・・・・ 136・137・146・147
- さくら ・・・・・・・・・・・・・・・・・ 110
- サクランボ ・・・・・・・・・・・・・・・ 122
- サツマイモ ・・・・・・・・・・・・・ 130・131
- サメ ・・・・・・・・・・・・・・・・・・ 143
- サル ・・・・・・・・・・・・・・・・・・・ 83
- サンタクロース ・・・・・・・・・・・・・・ 28
- 獅子舞 ・・・・・・・・・・・・・・・・ 34・35
- シチュー ・・・・・・・・・・・・・・・ 60・61
- 島 ・・・・・・・・・・・・・・・・・・・ 185
- しめ縄 ・・・・・・・・・・・・・・・・・・ 39
- ジュース ・・・・・・・・・・・・・・・ 54・56
- シュウマイ ・・・・・・・・・・・・・・ 59・67
- 職業 ・・・・・・・・・・・・・・・・ 166・167
- ススキ ・・・・・・・・・・・・・・・・・ 133
- スナック ・・・・・・・・・・・・・・・・・ 53
- スパゲティ ・・・・・・・・・・・・・・ 59・62
- セミ ・・・・・・・・・・・・・・・・・・ 101
- ゾウ ・・・・・・・・・・・・・・・・・ 88・89
- そば ・・・・・・・・・・・・・・・・・・・ 63

た
- 太陽 ・・・・・・・・・・・・・・・・・・ 186
- 凧 ・・・・・・・・・・・・・・・・・・・・ 39

タコ	138
タコ焼き	20
タツ	90
建物（道路など）	180・181
七夕飾り（短冊・ちょうちんなど）	13・14・15・17
たぬき	78
タンポポ	112・113
チューリップ	114
ちょうちょ	96・97
チョコバナナ	21
チョコレート	53
月	186
つくし	120
ツリー	30・31
手袋	154
電車（線路）	177・181
テント	180
テントウムシ	94
トウモロコシ	132
道路	181
ドーナツ	52
時計	157・166
トナカイ	29
殿様	168
トマト	56・132
トラ	90
鳥	70
ドングリ	127
トンボ	102・103

な
菜の花	111
鍋	60
ニワトリ	72
忍者	168
にんじん	132
ネコ	25
ネズミ	84・85・89

は
羽子板	37
畑	185
葉っぱ	133
花	108・109
パフェ	48
パン（ハンバーガー、クロワッサンなど）	56・57
ハロウィン	24・25・26・27
パンプキン	26
ビーチサンダル	152
飛行機	174

ピザ	55
ビスケット	52
ひつじ	76
ひまわり	118
姫様	168
冷やし中華	67
ひよこ	72
風船	184
風鈴	19
吹き流し	11・15
服	155
フクロウ	73
ブタ	87
ブドウ	124・125
船	179
プリッツ	52
ヘビ	91
ベビーカステラ	21
ペンギン	71
帽子	24・74・152
ポップコーン	53
ポテト	56

ま
魔女	24・25
ミカン	123
みつばち	95
ミノムシ	104・105
もち	39・64
モモの花	121

や
ヤギ	82
焼きそば	20
矢車	11
山	185
遊具	183
UFO	175
妖精	170・171
ヨット	178
夜店	18・19・20・21

ら
ライオン	88・89
リンゴ	123
ロケット	175

わ
綿あめ	21

第1章
季節の行事

こいのぼり、七夕、クリスマス、ひなまつり…
1年を通してさまざまな行事があります。
その行事にまつわる作品をたくさん集めました。
楽しく製作しながら、季節を感じたいですね。

うろこを染めよう・デカルコマニーしよう

牛乳パックごま

キャンディバッグ

にっこりトナカイ

ぼうし・ほうき・マント

おしゃれツリー

わくわくクレープ屋さん

輪つなぎ

ペーパー芯のゆらゆら獅子舞

8

星に乗ってなかよし七夕

まんまる顔の鬼　パクパク獅子舞

金魚すくいをしよう！

ビッグ鬼

ふんわり天使

子ども羽子板

ミイラ坊や

おひなさまロール

こいのぼり
（矢車・吹き流し）

ここを押さえよう！
風になびく軽い素材
カラフルなうろこと大きな目
長方形の紙から三角を切り取る

ことばがけ（導入例）

- 5月5日は、こどもの日。こいのぼりを作ろうね。
- こいのぼり！　知っているよ。
- みんなが元気に大きくなるようにって飾る、鯉というお魚形の飾りだよ。
お父さんやお母さんみたいな大きいこいのぼりと、小さい子どもこいのぼりも作ろうね。うろこにはきれいな模様も付けてね。
- やってみたい！
- いちばん上に、風にそよいできれいな吹き流しも作ってみようね。

季節の行事　こどもの日

うろこもにっこりこいのぼり　Lv. ★★☆

うろこの形もこいのぼりなのがポイント。フェルトペンで顔を描いて。

作り方

色画用紙　はる

うろこを染めよう　Lv. ★★☆

フェルトペンで描いた模様を霧吹きでにじませてみましょう。

Point
技法で色を付けた画用紙は、乾いてからうろこの形に切りましょう。

作り方

色画用紙
中に入れてホッチキスで留める
厚紙の輪
にじみ絵
おかずカップ
絵の具
厚紙の輪
デカルコマニーをする

デカルコマニーしよう　Lv. ★★☆

うろこがカラフルできれい！　画用紙を切る位置によって模様が変わるのがうれしいですね。

コラージュ こいのぼり

Lv. ★★☆

マスキングテープをはるだけで簡単におしゃれなこいのぼりに！

作り方

ポリ袋の キラキラこいのぼり

Lv. ★★☆

ポリ袋という軽い素材だからヒラヒラしていて泳いでいるみたい！

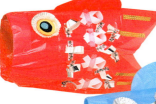

作り方

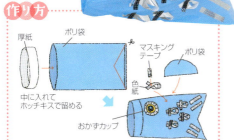

矢車と吹き流し

Lv. ★★☆

色画用紙を折ったりはじき絵をしたりした矢車と、紙テープの吹き流しをプラスしてより華やかに！

〈矢車①〉

〈矢車②〉

〈吹き流し〉

Point
厚紙の裏に紙テープをはってから輪にすると、まっすぐはることができます。

作り方

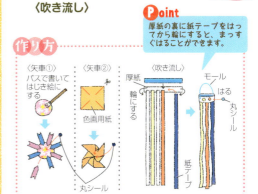

季節の行事 こどもの日

かぶと

ここを押さえよう！
山型
大きなツノ
金や銀を使うと豪華！

> **ことばがけ**（導入例）
> - こどもの日は、端午の節句ともいうんだよ。男の子が強くてたくましく育ちますようにと願いを込め、かぶとを飾るよ。
> - かぶと！ テレビで見たことあるよ。
> - いろいろな写真を持ってきたよ。
> - ツノみたいな飾りがあって、きれいなひももついているね！
> - そうだね。かっこいいね。みんなも作ってかぶってみよう。かぶった後は、台に乗せて飾るようにしようね。

季節の行事 こどもの日

新聞紙の ゴージャスかぶと

Lv. ★★★

切り紙や階段折りでかぶとを装飾。台紙に乗せて飾ります。

作り方

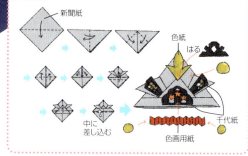

新聞紙
色紙
はる
中に差し込む
千代紙
色画用紙

にっこりかぶと

Lv. ★★★

似顔絵付きの世界でひとつだけのオリジナルかぶと。すっぽりかぶれるのがうれしい！

作り方

円すいにした色画用紙
はる
キラキラテープ

Point
大好きな物や自分を作ってはるとオリジナリティが出ますね。

野菜
（スイカ・ナス・キュウリ）

ここを押さえよう！

ぷっくりした形に大きめのヘタ

細長くてブツブツ

赤と緑で鮮やかに

> **ことばがけ**（導入例）
> - 7月7日の七夕の日には、ササに飾りを付けてお星さまにお願いごとをするんだよ。付ける飾りにはね、いろいろな言い伝えがあるんだよ。
> - 言い伝え？
> - 昔からずっといわれてきたことで、みんなのお願いの気持ちが込められているんだよ。
> - お野菜の飾りはどうして作るの？
> - 畑にたくさんお野菜ができますようにってお願いするためだよ。
> - へえ！ いっぱいできたらうれしいね。

色画用紙のナス
Lv. ★☆☆

パーツをはり合わせるだけで、おいしそうなナスのでき上がり！

種いっぱいスイカ
Lv. ★★☆

ペンで自由に種を描いて個性を出しましょう。

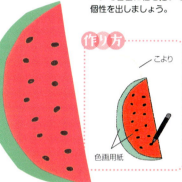

作り方　こより　色画用紙

ぷっくりナス
Lv. ★★☆

ティッシュペーパーを詰めて立体感を出しました。

作り方
ティッシュペーパー　色紙　こより　色画用紙

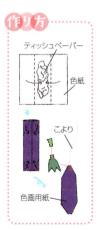

作り方　こより　色画用紙　はる

七夕キュウリ
Lv. ★★☆

豊作の願いを込めて、夏野菜のキュウリを飾りましょう。

作り方　こより　はる　色画用紙

季節の行事　七夕

伝統切り紙

ここを押さえよう!

異素材の組み合わせでかわいく

キラキラ素材でぐっと華やか

ことばがけ (導入例)

- 七夕のササには、いろいろな形にした色紙を飾るよね。切り方やはり方には、いろいろなお願いの気持ちが込められているんだよ。
- どんなお願い?
- 網のような切り方には、お魚や貝がいっぱいとれますように、四角い紙をつなぐのは、お裁縫がうまくなりますようにっていう気持ちが込められているんだよ。
- わたしもいっぱい作りたいなあ。

季節の行事 七夕

Point
つなぎ飾りは大きくなりがち。色紙を1/4に切ったもので作りましょう。

輪つなぎ　Lv. ★☆☆

色紙と千代紙を交互につなげるテクニックで、見た目が華やかに!

作り方
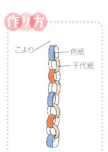
こより／色紙／千代紙

貝つなぎ　Lv. ★★☆

つなぎ目は丸シールをはってアクセントにします。

作り方
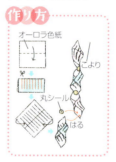
オーロラ色紙／こより／丸シール／はる

四角つなぎ　Lv. ★☆☆

染め紙を使うとふんわり淡い雰囲気に。ちょこんとはった千代紙の星がかわいいですね。

作り方

こより／染め紙にする／千代紙／紙テープ

星付き網

Lv. ★★★

開いた網の先にはキラキラテープに星を垂らすときれい！

作り方

色紙／こより／はる／キラキラテープ／色画用紙

Point 紙を開くときは、破れないよう、ゆっくりそっと。

キラキラ星

Lv. ★☆☆

顔は自分で切ってはるので、さまざまな表情のお星様ができ上がりますね。

作り方

半分に折った色紙／こより／はる／キラキラテープ

ちょうちん Lv. ★★☆

織り姫と彦星に明かりをともすちょうちんは、色紙でキラキラに♪

作り方

両面キラキラ色紙／モール

魚の吹き流し

Lv. ★★☆

スズランテープの海で泳ぐ魚が涼しげですね。

作り方

モール／キラキラ色紙／厚紙／内側にはる／スズランテープ

季節の行事　七夕

15

織り姫・彦星

ことばがけ（導入例）

- 織り姫と彦星のお話を知っている？ 1年に1回だけ7月7日の夜にお空の天の川でふたりは会えるんだよ。
- へえ、どんなお話か先生教えて。
- そうね。絵本を読んであげようね。それから織り姫と彦星を作ってみよう。そしてササに飾るのはどうかな？
- 織り姫さまはきれいな布を掛けているね。
- 彦星さまは、帽子をかぶっている！

季節の行事 七夕

ペタペタ 織り姫・彦星

Lv. ★★☆

色画用紙のパーツをペタペタ組み合わせて。千代紙の帯がおしゃれ！

作り方

お座り飾り

Lv. ★★★

円すいの土台に顔をはって立体的にしました。

作り方

ぷっくり顔の織り姫・彦星

Lv. ★★☆

織り姫・彦星の顔が立体的でいいですね。

ひしつなぎの織り姫・彦星

Lv. ★☆☆

ひしつなぎの間に星を付けるだけでとってもかわいく完成します。

作り方

織り姫・彦星の短冊

Lv. ★★☆

願いを込めた短冊ににっこり笑顔の織り姫、彦星。七夕にピッタリですね。

作り方

Point 外に飾るものは油性ペンで描くとにじみにくいですね。

七夕ロケット

Lv. ★★☆

さまざまな飾りを付けたロケットが天の川へ出発！

作り方

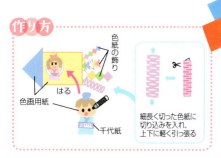

星に乗ってなかよし七夕

Lv. ★★★

輪つなぎや貝つなぎもぶら下げて…ぐっと華やかに！

作り方

接着剤で留める

片段ボールで三角をふたつ作る

ふたつをはり合わせる

Point 片段ボールは、接着剤を付け、指で押しつぶすようにしてはりましょう。

のり

季節の行事　七夕

17

夜店（お面・金魚・風鈴）

ここを押さえよう！

ことばがけ (導入例)

- みんなは、夜店に行ったことがあるかな？
- あるよ！ お祭りのときに出ているお店のことでしょ。
- お面屋さんとか金魚すくいもあった。
- 金魚すくいは、白い紙がすぐに破れちゃう。でも、お兄ちゃんはとってもじょうずなんだよ。
- そう！ 楽しそうね。いろいろな材料を用意したので、グループに分かれてお店を作って並べてみよう。
- わあい！ お祭りみたいになるね。

季節の行事　夏祭り

夜店で何を買おうかな♪

Lv.

ストローに付けたお店の人や商品は取り外し可能！ ごっこ遊びにしてもいいですね。

作り方

わくわくクレープ屋さん

Lv.

ティッシュボックスの屋台にフルーツを差し込んで。おいしいクレープはいかが？

作り方

金魚すくいをしよう！ Lv. ★☆☆

金魚がプカプカ浮かぶ水はたんぼを ポンポン♪

作り方

ペットボトルの風鈴 Lv. ★★☆

モールにストローや色画用紙を通して、かわいい風鈴に！

作り方

クマさんお面 Lv. ★★☆

大きなリボンと切り込みを入れた耳がチャーミングなクマさんです。

作り方

うさぎちゃんの風鈴 Lv. ★★☆

糸を通して、色画用紙で耳を付けたら、うさぎの風鈴の完成です。

作り方

季節の行事　夏祭り

夜店
（綿菓子・タコ焼き・焼きそば）

たくさん作る売り物はシンプルに！

ここを押さえよう！

ことばがけ（導入例）

- 見て！ 大きな箱を組み合わせて夜店を作ったよ。
- 看板に「たこやき」って書いてある！
- でもまだひとつしかタコ焼きができていないんだ。みんな作ってくれる？
- わあー！ やりたい！ どうやって作るの？
- この紙を丸めてね、お皿に並べます！ 特製の絵の具ソースをかけたら青のりみたいな緑の紙をパラパラ…。ひとつずつ、おいしくなあれって、ていねいにね。

季節の行事　夏祭り

焼きそばはいかが？

Lv. ★☆☆

具材もめんも色画用紙です。おいしく召し上がれ！

作り方

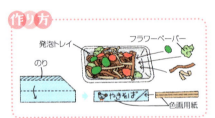

あつあつタコ焼き

Lv. ★★☆

絵の具でソースとマヨネーズを塗るとまるで本物みたい！

作り方

20

ニコニコ綿あめ

Lv. ★★★

シンプルな綿あめは、顔と手を付けてかわいくアレンジしましょう。

作り方

綿／ビニール袋／差す／両面テープ／ストロー／モール

たっぷりチョコバナナ

Lv. ★★★

絵の具のチョコレートソースにカラフルな色画用紙をトッピングしちゃおう！

作り方

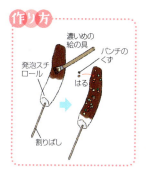

濃いめの絵の具／パンチのくず／発泡スチロール／はる／割りばし

フルーツあめをどうぞ

Lv. ★★★

顔つきのキュートなあめはラッピングにもこだわりました。

作り方

色画用紙／ビニール袋／ストロー／ラッピング用モール

顔付きベビーカステラ

Lv. ★★★

緩衝材に顔を描くだけでキュートに！袋に入れて、はいどうぞ♪

作り方

緩衝材／入れる／マスキングテープ／紙袋

Point 絵の具をはじくときは台所用洗剤を少量入れてみましょう。

季節の行事　夏祭り

21

うちわ

ここを押さえよう！

和紙やにじみの技法で和風に！

ことばがけ (導入例)

- これはうちわっていうんだよ。知っている？
- 知っているよ。おうちにもあるよ。
- うちわをこうやってパタパタと動かすと風が起きるよ。お顔の前であおぐと扇風機みたい！
- わあ、ほんと！ 先生、パタパタあおいで！ 涼しい！
- この白いところに、絵を描いたり作ったものをはったりして、自分だけのうちわを作ってみよう。
- わーい！ 作りたーい。

季節の行事 夏祭り

アサガオのうちわ
Lv. ★★★

障子紙を絵の具で染めて丸く切って。ねじってはると本物みたい！

作り方
- 中央をねじってはる
- 障子紙
- 染め紙にする

ロケットで出発！
Lv. ★★☆

宇宙をイメージして惑星はにじみ絵で。下地を紺にすると映えます。

作り方
- 色画用紙
- 水性ペン
- 色画用紙
- にじみ絵にする

ケロケロ親子うちわ
Lv. ★★☆

モールで留めたオタマジャクシがかわいいですね。親子でスーイスイ♪

作り方
- 色画用紙
- モール
- 油性ペン

日本のお化け

ここを押さえよう！

目や口を付けると、いろいろな物がお化けに！

> **ことばがけ** (導入例)
> - 今日は、みんなが大好きな、ちょっぴり怖くてかわいいお化けたちを作ろうね。
> - から傘お化けやちょうちんお化け、げたお化けもいたよ。
> - この前、絵本で見たね。
> - そうね。目や口を付けるといろいろなものがお化けになるね。絵本になかったおもしろいお化けも作ってみようか。
> - 絵本お化けとかお皿お化け、なんでもお化けになっちゃう!!

ちょうちんお化け
Lv. ★★

トイレットペーパーの芯に入れた切り込みが口になるユニークなお化けです。

作り方

から傘お化け
Lv. ★★

階段折りを生かしたデザインがステキ！

作り方

季節の行事　夏祭り

げたお化け
Lv. ★★

綿ひもの鼻緒は色をカラフルにするとかわいくなりますね。

作り方
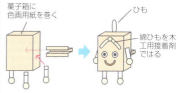

お化け
Lv. ★★

体はちぎって作るので、いろいろな形ができておもしろい！

作り方
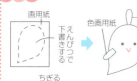

Point
紙をちぎるときは、左右の親指をくっつけるようにして、ていねいに。

23

魔女と黒ネコ

ここを押さえよう!
三角の帽子
三角の耳
ひらひらのマント
長いしっぽ

> **ことばがけ** (導入例)
> 🧑‍🏫 この前読んだお話に、魔女が出てきたね。
> 👧 うん。いろんな魔法が使えるんだよね。
> 👦 ほうきに乗って空も飛べる。
> 👦 黒っぽいマントを着て三角帽子をかぶっているよ。
> 🧑‍🏫 そうよね。黒ネコを連れている魔女もいるよ。
> 　今日はみんなで魔女を作ってみましょう。
> 　お空を飛んでいるように天井からぶら下げて飾ろうかな!
> 👧 わあ、作りたい! ほうきに乗せてもいい!?

ぼうし　Lv. ★★★

顔付きのとんがりぼうしでなり切り気分を楽しみましょう。

作り方

色画用紙 / キラキラ色紙

ほうき　Lv. ★★

お化けのアップリケがキュート! クラフト紙を使うと本物らしさがアップします。

作り方

クラフト紙 / 英字新聞 / 丸シール / はる / マスキングテープ / 巻く / 色紙 / キラキラ

マント　Lv. ★★

カボチャをあしらってハロウィン気分を盛り上げます。

作り方

両面テープ / リボン / キラキラ色紙 / カラーポリ袋 / 色画用紙

季節の行事　ハロウィン

毛糸の髪の魔女

Lv. ★★☆

立体的でかわいい！　思い思いの魔女を作ってみよう。

作り方

円筒のネコ

Lv. ★★★

胴体を立体的にして動きのあるネコを作ってみましょう。

作り方

円筒の魔女

Lv. ★★★

体が筒状なので、中に指を入れて遊んでも楽しい！

季節の行事　ハロウィン

25

パンプキン

💬 ここを押さえよう！

三角や四角の口と目

帽子やキャンディを付けるとハロウィンっぽい

ことばがけ (導入例)

- 👧 みんなはハロウィンって知っている？
- 👧 カボチャのお化けのこと？
- 👧 お菓子をくれなきゃいたずらするぞー！
- 👧 そうそう。よく知っているね。ハロウィンは、外国のお祭りなんだよ。今日はカボチャのお化けランタンを作ってお部屋に飾ろう。みんなで作るといっぱいできるよ。
- 👧 楽しそう！

季節の行事 ハロウィン

ポリ袋のカボチャ
Lv. ★★☆

ポリ袋のカボチャは存在感たっぷり。

作り方
テープで留める
ポリ袋
色画用紙
ティッシュペーパーを詰め、端を折って留める

カボチャのリース
Lv. ★★★

クラフト紙をねじってお菓子を添えたナチュラルなリースです。

作り方
色画用紙
クラフト紙をねじって留める
茶色に塗った緩衝材
色紙を巻く
リボン(ひもに結ぶ)
ひも
トイレットペーパーをセロハンで包む
画用紙

カボチャボール
Lv. ★★★

色画用紙の輪っかを使うと、オシャレなカボチャになりました。中の魔女がかわいいですね。

作り方
色画用紙
中心をはる
端を合わせてはる
はる
画用紙

キャンディバッグ
Lv. ★★★

お化けや顔付きのキャンディを差し込んでデリシャスバッグの完成！

作り方
色画用紙
モール
ティッシュ
セロハン
お菓子の空き箱
ストロー

西洋のお化け
（ミイラ・コウモリ）

- ここを押さえよう！
- 画用紙を緩く巻く
- 大きな羽
- 逆さに飾るとGOOD

ことばがけ（導入例）

- 👩 ハロウィンにはね、いろいろなお化けや魔女に変装してパーティーをするよ。
- 🧒 テレビで見たよ!! ミイラやクモ!!
- 🧒 こわーいお化け！ 大好き！
- 👩 ほんとう？ 先生が作ったお化けたちも見て。
- 🧒 わあ、白い紙をくるくる巻いて、ミイラみたい！

ボトルキャップグモ Lv. ★★☆

モールの足をカラフルにするのがポイントです。

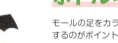

作り方
- 色紙
- 包む
- ボトルキャップ
- ひも
- 穴をあける
- モール
- 画用紙

ヒラヒラお化け
Lv. ★★☆

素材の軽やかさを生かして。風でゆらゆら揺れるのがお化けっぽい！

作り方
- ボトルキャップ
- ひも
- 穴をあける
- 色画用紙
- ポリ袋

ぼうしお化け
Lv. ★★☆

ぼうしは丸シールで簡単デコレーション！

作り方
- はる
- 丸シール
- 色画用紙

ミイラ坊や
Lv. ★★☆

コピー用紙を切って巻くと本物らしい包帯に。

作り方
- 色画用紙
- コピー用紙
- はる

コウモリ Lv. ★★☆

ポリ袋の羽がリアルで雰囲気が出ますね。

作り方
- ポリ袋
- 色画用紙で作った体をはる
- 真ん中をテープで留める

季節の行事　ハロウィン

サンタクロース

> **ことばがけ** (導入例)
>
> 👵 なぞなぞです！ 赤い洋服を着て、白いおひげを生やしたおじいさん。だーれだ。
> そのおじいさんはプレゼントを持ってみんなのおうちに来てくれます。
> 👦 わかった!! サンタクロース。
> 👵 正解!! もうすぐクリスマスだよね。みんなでサンタさんを作ろう。赤い三角帽子も忘れないでかぶせてあげてね。
> 👦 はーい！

ここを押さえよう！
ふわふわにした素材の白いひげ
赤い服
黒のベルトやボタン　ブーツで引き締まる！

季節の行事　クリスマス

モールのつるしサンタ
Lv. ★★☆

筒状の色画用紙をふたつ重ねるだけででき上がり！

Point
筒状にしてから顔を描きます。中に指を入れて支えると描きやすい！

作り方

スケルトンサンタ
Lv. ★☆☆

透け感が斬新なデザインのサンタは、フラワーペーパーを詰めて立体感を。

作り方

プレゼントをどうぞ
Lv. ★★☆

袋に自分の欲しいプレゼントを描くと期待が高まりますね。

作り方

トナカイ

ここを押さえよう！

- 枝のようなツノ
- 耳の内側にツノ
- 赤い鼻のトナカイも

ことばがけ（導入例）

- 👩 サンタさんは何に乗ってくるでしょうか？
- 👦 トナカイが引っ張るソリだよ。空を飛べるの。
- 👩 今日はソリをひくトナカイを作りましょう。頭に大きなツノがあるよ。
- 👦 絵本で見たよ。木の枝みたいな形だよ。
- 👩 大きくて力持ちなんだって。だから重たいソリを引っ張ることができるんだね。
- 👦 ぼくのソリはプレゼントをたーくさん乗せるから、トナカイさんの友達も作ろうっと。

ナチュラルトナカイ　Lv. ★★☆

木片や枝など自然素材を取り入れて、温かい雰囲気に。

作り方

小枝／布／木片／ラッピング用緩衝材

Point 枝にはたっぷり木工用接着剤を付け、2～3日乾かします。

お洋服を着せよう　Lv. ★☆☆

封筒の洋服を着せてドレスアップ！　フラワーペーパーのボタンがアクセント。

作り方
折る／はる／封筒／色画用紙／フラワーペーパー

にっこりトナカイ　Lv. ★★☆

ちょこんとしたフォルムがかわいい自立型のトナカイです。

作り方
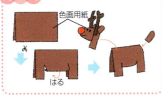
色画用紙／はる

筒型トナカイ　Lv. ★★☆

クラフト紙の筒を少しずらしてはるのがかわいく見せるポイントです。

作り方

モール／ペーパー芯／布／はる

季節の行事　クリスマス

29

ツリー

ここを押さえよう!
- はっきりした色や光る素材で華やかに
- ほぼ三角形

ことばかけ (導入例)

- もうすぐクリスマスね！ 飾りをいっぱい付けた小さなツリーを作りましょう。
- お部屋がクリスマスになるね。
- キラキラ光る紙やふわふわの紙を丸めて並べるととってもきれいだよ。
- わぁ！ 本当のツリーみたい。早くやりたい！
- できたツリーをロッカーの上に並べてクリスマスを待ちましょうね。

季節の行事　クリスマス

キラキラクリアツリー

Lv. ★★☆

透けて見えるキラキラの幹と飾りがステキですね。

作り方

ぷっくりツリー

Lv. ★★☆

単純だけど、かわいい形のツリーです。

作り方

おしゃれツリー

Lv. ★★★

円すいのおしゃれなツリーです。

作り方

つり下げツリー

Lv. ★★☆

立体的なツリーに、飾りをたくさん付ければ華やかに！

作り方

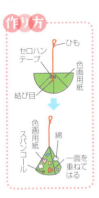

重ねてツリー Lv. ★☆☆

おかずカップにシールをはり、片段ボールの幹を付けると…かわいいツリーに！

作り方

季節の行事 クリスマス

飾れるツリー

Lv. ★★☆

毛糸に欲しいプレゼントを描いた紙をぶら下げるといいですね。

作り方

はじき絵ツリー

Lv. ★☆☆

黄色と青色の絵の具を紙の上でうまく混ぜてツリーの色を表現しましょう。

作り方

①暖色系のパスで描く

②黄と青の絵の具を混ぜながら塗る

31

オーナメント
(天使・靴下・雪だるま・プレゼント)

ことばがけ (導入例)

- 先生！ 玄関にツリーが飾ってあった！
- 昨日、みんなが帰ってから、先生たちで飾ったんだよ。クイズです。どんなものがツリーに付いていたでしょうか？
- えーと、ブーツや雪だるま、それから天使もあった！
- よく気がついたね。いろいろなところにも飾りたいね、みんなも作ってくれるかな？では、作り方を見ていてね…。

ここを押さえよう！

シンプルな形に大きめの飾りを

羽は、フラワーペーパーやレースペーパーなどの軽やかな素材で

季節の行事 クリスマス

おしゃれ靴下 Lv. ★★☆

さまざまな素材を組み合わせてコラージュを楽しみましょう。

Point 木工用接着剤で付けたあと、平らなところで2～3日乾かしましょう。

作り方
- 段ボール / 布 → 穴をあけて麻ひもを通す / いろいろな飾りをはる
- 木工用接着剤

ブーツにはる飾り
- ドングリ / 木の枝 / 半分に切った緩衝材 / 細長く切ったフェルトを丸めて留める
- マツボックリ / スパンコール / ボタン / 丸めたフェルト

紙皿リース Lv. ★★☆

紙皿の形はリースにぴったり！

作り方
- 模様入り紙皿 → 穴をあけてリボンを通す
- 切って交互に折る / 色画用紙

ハギレオーナメント Lv. ★★☆

カラフルな色や模様の布を使うので、オーナメント作りがより楽しめますね。

作り方 布の準備はP.195参照
- 油性ペン / リボンをはる / 段ボール / 布を切って木工用接着剤ではる

雪だるま

Lv. ★★★

カラーポリ袋に綿を包んで
ぷっくりフォルムに。

作り方

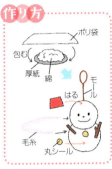

キャンドル

Lv. ★★☆

果物ネットの土台がおしゃれ！
炎は2色にして鮮やかに。

作り方

スノーマン靴下

Lv. ★★☆

空き箱を挟み込むデザイン
が立体的でかわいいですね。

ふんわり天使

Lv. ★★★

レースペーパーの羽がおしゃれで
優しい雰囲気を演出。

作り方

作り方

キラキラベル

Lv. ★★☆

フレッシュ容器の形を生かし
たミニサイズのベルです。

季節の行事　クリスマス

獅子舞

ことばがけ (導入例)

- お正月のお祝いに、獅子舞が園に来て踊ってくれたね。
- 真っ赤なお顔で、ぎょろぎょろ目玉。歯をカチカチいわせていたよ。
- 太鼓に合わせて頭をふりふり。体がふろしきみたいだった！
- ほんとね。ちょっぴり怖かったね。
- でも、すごーくおもしろかったよ。
- みんなも獅子舞を作ってみようね。

季節の行事 お正月

絵馬ふう獅子舞

Lv. ★★☆

体の模様は片段ボールでスタンプ。目標などを書いて絵馬風に。

作り方

ペーパー芯の ゆらゆら獅子舞

Lv. ★★★

トイレットペーパーの芯を体にした獅子舞です。手足が揺れるのがポイント。

作り方

34

ポリ袋のびっくり獅子舞

Lv. ★★★

紙コップにポリ袋をはり付けます。伸ばしたり縮めたりして遊びましょう。

作り方

パペット獅子舞

Lv. ★★☆

色画用紙を折ってはるだけのカンタンパペット！

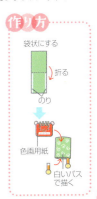

作り方

はじき絵獅子舞

Lv. ★★☆

ふろしきの模様をはじき絵しちゃおう。元気いっぱいの獅子舞です。

パクパク獅子舞

Lv. ★★★

口をパクパクできるのが楽しいですね。金の色紙で作る歯がステキ！

作り方

季節の行事　お正月

35

こま

ここを押さえよう！

シンプルな模様は回るとキレイ！

上から下まで突き抜ける軸

ことばがけ（導入例）

- 今日は、こまを作りたいと思います。先生が作ったこまを回してみるよ。それー！！
- わあ、止まっているときと模様が、違って見える！！
- キラキラしてきれい！！！
- でき上がったらみんなで遊ぼうね。
- 早く作りたいなあ！

季節の行事 お正月

紙コップごま

Lv. ★★☆

太陽みたいなフォルムがステキ！ 裏にビー玉が付いているのでよく回ります。

裏は…

作り方

紙コップ／ビー玉／セロハンテープではる

牛乳パックごま

Lv. ★★☆

持ち手が太めのストローなので、持ちやすいのがうれしい！

作り方

ストロー／はる／丸シール／牛乳パックの底

こま飾り

Lv. ★☆☆

片段ボールの飾りがアクセントに。

作り方

片段ボール／色画用紙

回すと…

回すと…

36

羽子板

ここを押さえよう！
台形に四角の持ち手
花や着物などでお正月らしく

ことばがけ（導入例）

- 羽根突きというお正月の遊びを知っている？（羽子板の写真やイラストを見せながら）羽子板というきれいな板で、羽根を突き合って遊ぶのよ。
- 飾りがいっぱい付いてるのもあるね。
- そうね。これは、飾っておく羽子板で、見て楽しむものね。みんなもお正月の飾りに、きれいな羽子板を作ってみよう。
- はーい。

キラキラ羽子板 Lv. ★★★

キラキラした四角い色紙は、お正月にピッタリの飾りです。

作り方

千代紙 / しわを付けた色紙 / 開いてはる / カラー工作紙 / 紙テープを巻く

Point　飾り切りした千代紙は、点を打つようにのりを少量つけると破れにくい！

にじみ絵羽子板 Lv. ★★

にじんだ模様が和風っぽくてかわいいですね。

作り方

画用紙 / 水性ペン / 水でにじませる / 乾かしてからはる / カラー工作紙

ふんわり羽子板 Lv. ★★

少し淡い模様がステキです。

作り方

牛乳パック / 絵の具を付けたスポンジなどでステンシルする / カラー工作紙 / 絵柄を切り抜く / パス

子ども羽子板 Lv. ★★★

自分を羽子板にはっちゃおう！個性が光りますね。

作り方

巻く / 千代紙 / ペーパー芯 / 端を中に押し込む / 巻く / 色画用紙

千代紙 / 半分に折る / のり付け / はる / 色画用紙 / 切り込みを入れ円すいにする / はる / 色画用紙 / カラー工作紙 / 丸めたフラワーペーパー

季節の行事　お正月

絵馬

ここを押さえよう！

上部を屋根っぽくするとOK

お願いごとや干支の動物をはって

ことばがけ (導入例)

- これは絵馬っていうお願いごとを書く板だよ。みんなはどんなお願いをする？
- うーん、どうしよう。
- 大きくなったら何になりたいとか、できるようになったらうれしいなと思うことを書くといいね。
- お花屋さんになりたいって書こうかな。お花の絵も描いていい？
- そうね。絵で描くのもいいね。
- ぼくは、ウサギさんを飼いたいから、ウサギの絵を描こうっと。

季節の行事　お正月

お絵描き絵馬　Lv. ★★★

好きな絵をマスキングテープのポケットに入れられておしゃれ。晴れ着の自分も添えて。

作り方

千代紙を巻いたペーパー芯
フラワーペーパー
色紙
パンチで穴をあけ毛糸を通す
色画用紙
段ボール
フラワーペーパー
色画用紙
折る
のり
クリアフォルダーをマスキングテープで留める
ポケットに入れる

和柄絵馬　Lv. ★★☆

お正月らしく千代紙をあしらって和風にしましょう。

作り方

リボン
はる
厚紙
千代紙

お正月いろいろ
(凧・鏡もちなど)

ここを押さえよう！

丸いおもちふたつとミカンを乗せて

ポリ袋やプチプチシートなどの軽い素材で

ことばがけ (導入例)

- もうすぐお正月。新しい年をお祝いして、鏡もちという大きなおもちを飾るのよ。先生も紙で作ってみたよ。本当のおもちだといいのだけど…。
- わあ、おもち、笑っている。おもち君だ！ おもしろい！
- 私も作って持って帰りたい。
- そうね。みんなで作ってみましょう。では、作り方を見ていてね。

にっこり鏡もち Lv. ★★☆

色画用紙だけで作れる簡単鏡もち。空き箱の土台に乗せて。

作り方

画用紙／色画用紙／はる／空き箱

しめ縄 Lv. ★★★

クラフト紙にお正月のモチーフをはって、新年をお祝いしましょう。

作り方

モールで留める／クラフト紙をねじって輪にする／細長く切った千代紙を巻き付けてはる／ピンキングバサミで切った色画用紙／飾りを付ける／はる／色画用紙

ビニール凧 Lv. ★★☆

カラーポリ袋に好きな絵を描きましょう。高く揚げられるかな？

作り方

はる／ポリ袋／ストロー／段ボール／たこ糸

Point
ストローをはってから描くと、ポリ袋がしわになりにくく描きやすい！

季節の行事　お正月

39

鬼
（まめ・鬼の家）

ここを押さえよう！

横しま模様のツノ

太い眉と大きな目を強調して

ことばがけ（導入例）

- もうすぐ節分。みんなにちびっこ鬼になってもらいます！
- わあ、楽しみ！
- 鬼のお面を作るよ！（絵本やイラストを見せながら）いろいろな色の鬼がいるね。
- 髪の毛はもじゃもじゃ。頭にはツノがある！
- 大きな目玉がギョロリ。口には、キラリ、キバがあるよ。
- 赤鬼さんにしようかなあ。

紙皿の鬼
Lv. ★★☆

毛糸をクルクル丸めた髪の毛がキュート。ポップな鬼のでき上がり！

ビッグ鬼
Lv. ★★☆

すっぽり顔を包むダイナミックな鬼は迫力満点です。

季節の行事 節分

40

鬼のおうちへGO!

Lv. ★★★

鬼バスでいろいろな鬼のおうちに遊びに行っちゃおう！

作り方

まきまきパンツ鬼

Lv. ★★☆

段ボールに毛糸をぐるぐる巻いて、鬼のパンツのでき上がり。

作り方

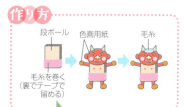

まんまる顔の鬼

Lv. ★★★

キラキラ光るゴージャスな鬼さん。色画用紙をはるだけなので簡単です。

作り方

鬼の豆入れ

Lv. ★★☆

牛乳パックの中に豆を入れてみんなで豆まきを楽しみましょう。

作り方

季節の行事 節分

おひなさま

ことばがけ (導入例)

- 3月3日は、ひなまつりね。桃の節句といって、女の子のお祭りよ。
- おひなさまとおだいりさまを飾ってお祝いするよ。
- よく知っているね。みんなもおひなさまを作ってみようね。おだいりさまには黒い烏帽子、おひなさまには扇子を持たせてあげてね。では作り方を聞いてね！

ここを押さえよう！
冠と烏帽子
服の色を赤系と青系に

季節の行事 ひなまつり

色紙おひなさま
Lv. ★★★

色紙を4回折るだけでかわいいおひなさまの着物に変身！

作り方
※おひなさまも同様に作る
折る → 色紙 → 折る → 色画用紙 → 折る

重ね折りおひなさま
Lv. ★★☆

着物は色紙と千代紙をずらしてはって、2種類の模様が楽しめます。

作り方
色紙と千代紙をずらしてのりではる
折る　千代紙
色画用紙
折る

Point
着物の合わせは、左前になるように。

はじき絵おひなさま
Lv. ★★☆

絵の具のにじみが和の雰囲気を出してくれます。

作り方
画用紙
パス
絵の具　はじき絵にする
↓
色画用紙
はる
↓
筒状に丸め、顔をはる

おひなさまバッグ Lv. ★★

紙袋をめくるとなんとおひなさまが！ 演出も楽しめる作品です。

作り方

閉じると…

壁掛けおひなさま Lv. ★★

ストローで差し込めるおひな様は、取り外して遊ぶこともできます。

作り方

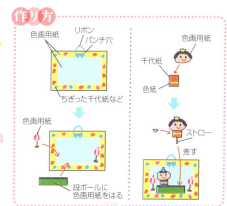

おひなさまロール Lv. ★★★

トイレットペーパーの芯を使った掛け軸のようなデザインがかわいいですね。

作り方

取り外せる！

季節の行事 ひなまつり

43

ひなまつり
（ひしもち・ぼんぼりなど）

ここを押さえよう！

黒を使うと格調高く！

三人官女や五人ばやしは持ち物をよく見て

ことばがけ（導入例）
- おひなさまといっしょに飾っているお人形はなあに？
- 音楽を奏でる五人ばやしや、三人官女というお人形だよ。みんなも作って飾る？
- うん、おひなさまもおだいりさまも喜んでくれるよね。
- （実物または、写真を見せながら）手には、何を持っているのかな？ どんな着物を着ているかな？

季節の行事　ひなまつり

三人官女
Lv. ★★★

円すいの色画用紙に顔をはって。表情に変化を付けて楽しみましょう。

作り方

- 色画用紙を円すいにする
- キラキラ色紙
- 千代紙
- 色画用紙

五人ばやし
Lv. ★★☆

個性豊かな五人ばやしは色画用紙と千代紙で。それぞれの楽器がポイントです。

作り方

- 色画用紙
- はる
- 千代紙
- 色画用紙

お花 Lv. ★★☆

花びんに生けているようにフラワーペーパーの花を飾ります。

作り方

フラワーぼんぼり Lv. ★★☆

片段ボールの棒にお花をはったり描いたりして装飾します。

作り方

ひしもち Lv. ★★☆

色画用紙をはるだけの簡単ひしもちです。

作り方

ふんわりぼんぼり Lv. ★★★

切り込みを入れて輪にした色画用紙のシンプルなぼんぼりです。

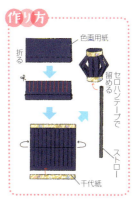
作り方

お絵描きぼんぼり Lv. ★★☆

好きな模様をぼんぼりに描いてみましょう！

作り方

ひなだんす Lv. ★★☆

色画用紙を半分に折ればでき上がり。

作り方

季節の行事　ひなまつり

第2章

食べ物

子どもたちのいちばん身近にある「食べ物」。
作るだけではなく、ごっこ遊びにも発展できます。
おいしそうで本物そっくりな作品を作りましょう。

ふわふわポップコーン

おいしいおせちいっぱい

お弁当の時間だよ♪

ホカホカシチュー

ハンバーガー屋さんへようこそ

たっぷり詰め込みパフェ

フルーツジュース

お寿司セット

毛糸のスパゲティ

ひえひえパンダ軒

かき氷

いちご味のプリッツ

みみ付きピザ

ひんやりパフェ

スポンジロールケーキ

ビスケットをどうぞ

挟んでお鍋

焼きたてマロンデニッシュ

オーブンおもち

うどん

47

パフェ、アイス、かき氷

ここを押さえよう！

- 浅めのカップに三角型の氷
- キラキラ色紙やオーロラシートで氷を
- アイスはたくさんにするとかわいい

ことばがけ (導入例)

- 冷たくって甘いもの好き？
- アイスクリームがいちばん大好き！
- かき氷も！
- 今日は、いろいろな材料で冷たーいデザートを作るよ。この光る紙をちょっと入れてみようね。どう？
- わあ、キラキラして氷みたい！　早く、作りたーい！

食べ物

ひんやりパフェ

Lv. ★★☆

フレッシュ容器で脚を付ければ、ぐっとパフェらしい形に！

作り方

- クリアカップ
- オーロラシート
- フラワーペーパー
- フレッシュ容器を両面テープではる
- 折り目を付ける
- 色画用紙

たっぷり詰め込みパフェ

Lv. ★★☆

ポケットにフルーツを詰め込んで、おいしそうなパフェの完成！

作り方

- 色画用紙
- クリアフォルダー
- 入れる
- 画用紙
- 木工用接着剤ではる
- 色画用紙

はじき絵のパフェ

Lv. ★☆☆

カラーホイルのアイスを乗せて、パフェのでき上がり。

作り方

- 画用紙
- パス
- 色紙やカラーホイル
- はじき絵にする
- 色画用紙
- 絵の具

48

アイスキャンディ Lv. ★★☆

透け感が涼しげな棒アイスは素材の組み合わせがポイント。

作り方

はじき絵・にじみ絵のアイス

Lv. ★★☆

好きな果物を描いてそれぞれの技法でアイスを完成させましょう。

食べ物

かき氷 Lv. ★☆☆

シュレッダーにかけた紙が氷の質感を表現。ぜいたくに素材をあしらいました。

作り方

作り方

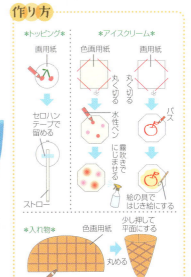

49

ケーキ

ここを押さえよう！
カラフルなフルーツをたっぷりに

ことばがけ（導入例）

- 先生、昨日ケーキを食べたよ。フルーツがいっぱい乗っていて、とってもおいしかったよ。みんなはどんなケーキが好き？
- イチゴのケーキ、チョコレートのも大好き！
- 今日はみんなでケーキ屋さんになってみよう。材料を机に並べたよ。作り方を聞いて、使うものを取りに来てね。
- はーい！

食べ物

スポンジロールケーキ
Lv. ★★

スポンジをデコレーションしてクルクル巻いた、作り方まで本物そっくりのケーキです。

作り方

壁掛けケーキ
Lv. ★★

円筒のケーキにちょこんと自分を乗せて。いただきまーす♪

作り方

ケーキカード
Lv. ★★

階段折りの生クリーム、輪にしたフルーツなど、立体的でかわいい！

作り方
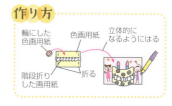

カップケーキ

Lv. ★☆☆

おかずカップに紙粘土を詰めて。トッピングを楽しみましょう。

作り方

まきまきケーキ

Lv. ★★☆

片段ボールを巻いてできた隙間に、フラワーペーパーやモール、枝を詰めて完成！

作り方

デコレーションケーキ

Lv. ★★★

立体と平面を混ぜた素材をあしらってゴージャスなケーキに！

作り方

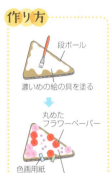

食べ物

お菓子いろいろ
（クッキー・チョコ・ドーナツ）

ここを押さえよう！

トッピングはカラフルに細長く立体的に

絵の具を練り込んでリアルな色に

ことばがけ（導入例）

- （箱を見せながら）お菓子を持ってきたよ。
- 知ってる！　そのお菓子好き！
- 食べたーい！
- （箱を開けて見せながら）でもねえ、からっぽなんだよ。
- えー…がっかり…。
- 材料を用意したので、本物みたいなお菓子を作ってみない？作ったお菓子を箱に入れておくと開けた人がびっくりするよ‼
- やってみたいな！

食べ物

ビスケットをどうぞ
Lv. ★★☆

箱から取り出す楽しさも味わえる、本物そっくり感がうれしい！

作り方
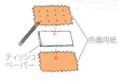
ティッシュペーパー　色画用紙

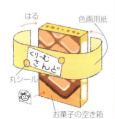
はる　色画用紙　丸シール　お菓子の空き箱

いちご味のプリッツ
Lv. ★★☆

パッケージを生かした製作です。ごっこ遊びに使っても楽しいですね。

作り方
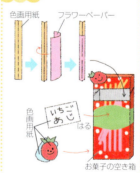
色画用紙　フラワーペーパー
いちごあじ　はる　色画用紙　お菓子の空き箱

いちご香料使用

クラフトドーナツ
Lv. ★★☆

トッピングしてお皿に盛り付ければ、ドーナツらしさアップ！

作り方
もんだクラフト紙を輪っかにする　毛糸　はる

52

ラッピングクッキー

Lv. ★★☆

紙粘土を型抜きしたかわいらしいクッキー。プレゼントにもピッタリです。

クッキーいろいろ

クルクルスナック

Lv. ★★☆

色画用紙をペンなどに巻き付けてしわを付けるとユニークな形になります。

チョコレートボックス

Lv. ★★☆

ペットボトルのふたに素材をはって立体的に。選ぶのが楽しくなっちゃう！

ふわふわポップコーン

Lv. ★☆☆

ふんわりしたフラワーペーパーがポップコーンにベストマッチ！

食べ物

ジュース

ここを押さえよう！
ストローを差す
透明感のあるもので

ことばがけ (導入例)

- このクリアカップにスズランテープを丸めて入れると…ジュースみたいになるよ。
- ほんとだ！ オレンジジュースみたい！ やってみたい。
- いろいろな色のスズランテープを用意したよ。好きなスズランテープを使ってね。
- 先生！ みんなでジュース屋さんを開こうよ。
- 楽しそうね！ 並べられるように机を用意するわね。

はじき絵ジュース Lv.★★★

どんなフルーツを入れようかな、と考えながらパスで描くのが楽しいですね。

作り方

パス　画用紙　→　色画用紙　はじき絵にする　絵の具

フルーツジュース Lv.★★★

カラフルなスズランテープのジュースに緩衝材の氷を入れて涼しげに。

作り方

スズランテープ　緩衝材　クリアカップ　ストロー

ミニジュース Lv.★★★

画用紙に絵を描いて巻くだけ手乗りサイズでかわいいです。

作り方

画用紙　→　ストロー　乳酸菌飲料の空き容器　巻く

食べ物

54

ピザ

ここを押さえよう!
- 土台はシンプルに茶色で
- ソースは絵の具＋のりで
- 具はカラフルに

ことばがけ (導入例)

- 🍙 丸くって熱々でおいしい食べ物は、なんでしょう。
- 🍙 おもち？
- 🍙 切って三角にして食べます。チーズがとろーり。
- 🍙 わかった！ ピザ。
- 🍙 正解でーす。今日はこの紙でピザを作るよ。角を曲げて丸くしていろいろな具を乗せますよ。
- 🍙 わぁ、何を乗せようかなあ。作りたーい。

プチピザ　Lv. ★☆☆

ピザソースはたっぷりの絵の具で。
具材は自由に選んでのり付けます。

作り方

oint
絵の具が乾かないうちに具を乗せましょう。

みみ付きピザ　Lv. ★★☆

土台に木工用接着剤を塗って野菜やチーズのトッピングを楽しみましょう。

作り方

食べ物

パン
(ハンバーガー・フランスパン・クロワッサン)

ここを押さえよう！

クラフト紙の質感を生かして。しわ感がパンっぽい

ことばがけ (導入例)

- パン屋さんには、いろんな形のパンが並んでいるよ。長ーいフランスパンや真ん丸アンパン。
- 上に果物が乗ったケーキみたいなのもあるよ。
- みんなもパン屋さんになっておいしいパンをいっぱい作ってみよう。まず、この紙をくしゃくしゃにして…。
- わぁ！ 本物みたい。

ハンバーガー屋さんへようこそ！

Lv. ★★

パンも具材もすべて手作り！お店屋さん気分を楽しめるハンバーガーセットです。

食べ物

パン

もんだクラフト紙で包む / 新聞紙 / 段ボール

ハンバーグ

段ボールにもんだ色画用紙をはる

ポテト

色紙 / 段ボール / はる

レタス

フラワーペーパーをつまむ

トマト

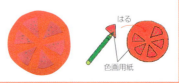
はる / 色画用紙

ジュース

フラワーペーパー / 色紙 / はる / ストロー / 紙コップ

56

クグロフ&クロワッサン

Lv. ★★☆

パンの質感はフェルトペンで表現。盛り付けもアレンジしました。

作り方

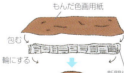

Point
紙をもんでおくと、芯材を包みやすくなります。接着は木工用接着剤で。

焼きたて マロンデニッシュ Lv. ★★☆

果物ネットやセロハンなど本物らしい見た目や質感が魅力です。

作り方

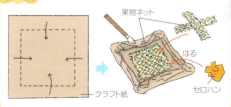

フランスパン

Lv. ★★☆

立体感がポイントです。トングを添えるとパン屋さんらしくなりますね。

作り方

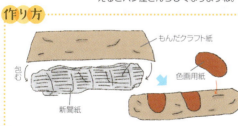

食べ物

お弁当

ここを押さえよう！

ウインナーなど、どれかに顔を付けるとかわいさUP！

四角い箱にたくさんのおかずを詰め込む

ことばがけ（導入例）

- 遠足のときのみんなのお弁当、おいしそうだったね。ふたを開けるといろいろなおかずやおにぎりがこんにちは！って並んでいたね。
- ウインナー、卵焼き…それから…スパゲティ！
- 今日はみんなでお弁当を作ろうと思い、いろいろな材料を用意したよ。この机では、タコさんウインナーが作れます。この机では、おにぎりをにぎってくださいね…。机を回って作ったおかずを自分のお弁当箱に入れてね。
- どこから始めようかなあ。

お弁当の時間だよ♪   Lv. ★★★

おにぎり、ウインナー、スパゲティ…etc。子どもたちの大好きが詰まったお弁当ですね。

食べ物

作り方

バラン

色画用紙

レタス

フラワーペーパー

角をまとめてねじる

お弁当箱

色画用紙
角を二等分に折り、ホッチキスで留める

お弁当のおかず

鍋、シチュー
（おでんも含む）

ここを押さえよう！
- 取っ手
- 茶色っぽいスープを入れる
- 包装紙やアルミなど素材を変えて

ことばがけ（導入例）

- 寒いときには、あったかいお料理を食べるとあったまるね。
- うん。昨日の晩ごはんは、お鍋だったよ。熱いからふうふうして食べたよ！
- お野菜やエビやキノコが入っていたよ。
- そうね、湯気がふわっと出て、ほんとうにおいしそうね。これを見て！ 先生が紙で作ったお鍋だよ。この中にいろいろな具を入れてお料理ごっこをしましょう！
- 何を入れようかなあ。

食べ物

挟んでお鍋
Lv. ★★★

好きな具材を挟んで自分だけのオリジナル鍋を完成させましょう。

作り方
- 階段折りにした色画紙
- 平らにして四隅を丸く切る
- 色画用紙
- 差し込む
- 包装紙
- はる
- 包装紙

はじき絵シチュー
Lv. ★☆☆

鮮やかなパスで具材を描いておいしそうなホワイトシチューに！

作り方
- 白い絵の具ではじき絵にする
- 色画用紙
- パス

ホカホカシチュー

Lv. ★★ 　綿でシチューを表現しました。ふんわり感が魅力です。

作り方

具だくさんおでん

Lv. ★★★

おでんを作りました。切り取った部分もふたとして利用できるのがいいですね。

作り方

アツアツおでんを召し上がれ　Lv. ★★

大きな鍋にみんなでおでんの具を入れちゃおう。冬らしい共同壁面です。

作り方

食べ物

スパゲティ

> ここを押さえよう！

細くて長ーいめん。赤でトマトソース、白でクリームソースなど

ことばがけ (導入例)

- みんなはどんなスパゲティが好き？
- 貝が入っているのが好き！
- 私は、赤いトマトの味のがいい。
- いろいろあるね。どれもおいしそうね。今日はレストランのシェフになってみんなでスパゲティを作ってみましょう。

毛糸のスパゲティ

Lv. ★☆☆

ふんわり毛糸のめんにピーマンやサラミをトッピング。食欲をそそります。

作り方

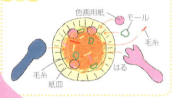

色画用紙のクリームパスタ

Lv. ★★☆

大きなアサリが目を引くスパゲティはお皿もかわいく装飾しましょう。

作り方

Point
切った色画用紙を両手で丸めるようにまとめてから、皿に盛り付けましょう。

食べ物

うどん、そば

ここを押さえよう！

湯気でホカホカを表現

細めのめん

太めのめん。色を変えてうどんやそばに

ことばがけ (導入例)

- 今から紙を使っておうどんを作ります。（切るのを見せながら）まず丸くして、外側から内側へとぐるぐる切っていくと、長ーくなっておうどんや、おそばに見えるよ！
- 本当だ！
- かまぼこやネギ、卵などが作れるように紙も用意しているよ。
- 何を乗せようかなあ。

うどん　Lv. ★★☆

ダイナミックな綿の湯気がアツアツ感を演出します。色を変えることでめんの種類を表現できるのがポイントです。

カレーうどん

そば

Point　うずまき状に切るときは、ハサミを使う手は動かさず、紙を持つ手を動かして切り進めます。

Point　発泡容器に新聞紙を詰めて、上にうどんを置くと…立体的な作品に！

作り方

色画用紙　カレーうどん→黄　うどん→白　そば→灰色

うずまきに切る

綿

食べ物

天ぷら	ネギ	あげ	はし
 色画用紙／もんだ色画用紙	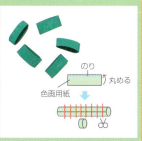 のり／丸める／色画用紙	 もんだ色画用紙	 はり合わせる／画用紙を折ってはしをはる

おもち

ここを押さえよう！
焼くとぷくっと膨れる
※顔を描くと楽しい！

ことばがけ (導入例)

- お正月におもちを食べたかな？おもちをオーブントースターで焼くと、ぷくっと膨れてくるよね。
- うん。見たことある!!
- この箱や画用紙で、おもちとトースターを作ってみようか？
- 楽しそう!! やりたい！
- 大きいのや小さいの、いっぱいおもちを入れてみようかな。

食べ物

オーブンおもち
Lv. ★★☆

ティッシュボックスのおうちにおもちの家族が大集合しました。

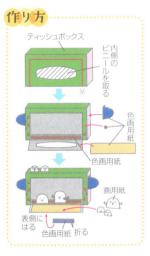

作り方
- ティッシュボックス
- 内側のビニールを取る
- 色画用紙
- 表側にはる
- 色画用紙 折る
- 画用紙

ぷっくりおもちのお雑煮
Lv. ★★☆

白いポリ袋で作るおもちは、丸くてかわいくておいしそう！

ペープサートおもち
Lv. ★★☆

おもちに顔を描いてフラワーペーパーをはり、ストローを付ければペープサートとして遊べます。

作り方

ティッシュペーパー / 包む / 白いポリ袋 / 油性ペン / 画用紙 / ねじってセロハンテープではる / 色画用紙

画用紙 / セロハンテープ / ストロー / 色画用紙 / フラワーペーパー

おせち

ここを押さえよう！
- お正月らしい食材
- 黒 or 赤で高級感ある四角いお重
- しきり

ことばがけ（導入例）

- 1月1日には、今年も1年元気に過ごせますように、といろいろなごちそうを用意するんだよ。黒豆、エビ、レンコン、かまぼこ…。四角い箱は、重箱っていう入れ物だよ。写真を見てね。
- あっ、知ってる！ 見たことあるよ。
- ごちそうがいっぱーい入ってる!!
- いろいろな紙を用意したので、みんなで作ってみよう！

おいしい おせちいっぱい

Lv. ★★★

色画用紙やフラワーペーパーで、さまざまな食材を作ってみましょう。

作り方

〈かまぼこ〉色画用紙 折る → ※模様を付けてもOK！

〈黒豆〉フラワーペーパー → 小さく丸める

〈エビ〉色画用紙 パス → 円柱にする → 色画用紙

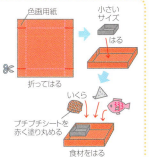

色画用紙 → 折ってはる → 小さいサイズ はる
いくら → プチプチシートを赤く塗り丸める
食材をはる

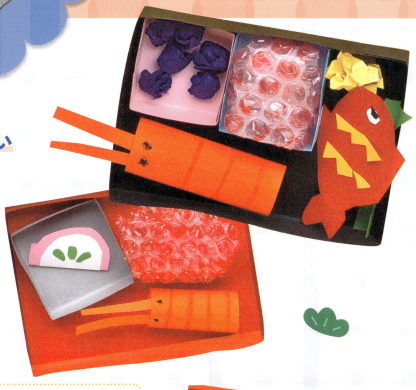

食べ物

65

お寿司

ここを押さえよう！

黒い輪にしたのり（画用紙）に詰め込む

のりを巻いて留める

ことばがけ (導入例)

- 今度のお店屋さんごっこでお寿司屋さんを開くことになりました！みんなお寿司を食べに行ったことがあるかな？どんなお寿司を知っている？
- イクラ、エビ…卵焼きがいちばん好き!!
- どれもおいしいね。では、グループに分かれて作ってみましょう。エビさんチームはこの机に集まって…作り方を聞いてね。

お茶は色画用紙の円柱にポリ袋を詰めたら完成！

食べ物

お寿司セット

Lv. ★★☆

色とりどりの握りや巻物がおいしそう！ 見た目も製作も楽しめるお寿司です。

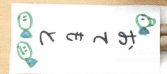

おはしは、色画用紙をクルクル丸めて…

イクラ / **イカとたまご**

プチプチシート / 色紙 はる / 緩衝材 / 色画用紙でくるむ / 色紙 / 緩衝材

イカ②

緩衝材 / 色画用紙

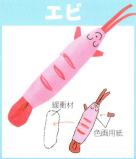

エビ

緩衝材 / 色画用紙

中華料理

ここを押さえよう！

トレーシングペーパーなどの透け感を生かして

ことばがけ（導入例）

- ギョウザやシュウマイって知っている？
- 知っているよ。この前食べたよ。中に何か入っているの。
- この薄い紙でそっと包んでのりをちょっぴり付けると…ほら、できたよ。
- わあ、本物みたい！ やってみる!!
- ではもう1回作り方を言うね。よく見ていてね。

飲茶セット Lv. ★★☆

具材を包む作り方が本物と同じなのでクッキング気分を楽しめますね。

作り方

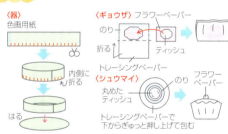

杏仁豆腐 Lv. ★☆☆

シロップのはじき絵で具材が浮かび上がってくるのが楽しい！

作り方

冷やし中華 Lv. ★★☆

めんはパスで大盛りにしちゃおう！ つゆははじき絵で。

作り方

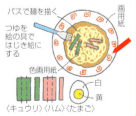

食べ物

67

第3章

動物

家族へのプレゼントや壁面など、さまざまな場面で使える「動物」たち。ペープサートや指人形など、遊べるようにしても楽しいですね。

ニワトリ親子がGO！

おさかなおいしいな

すっぽり帽子型オオカミ

サルの親子

クルクル毛糸のひつじ

うずまきヘビ

子育て鳥の巣

ペープサート型オオカミ

紙粘土のネズミ

おっきい目玉のフクロウ

まるまるうさぎ

子ブタのレターラック

ひつじのモビール

ふさふさしっぽでしょ？

郵便ヤギさん

お散歩しよう

コーディネートしよう

サーカスにおいでよ！

鳥

ここを押さえよう！
三角のくちばし
広げた羽

ことばがけ (導入例)

- 鳥がたくさん載っている絵本を持ってきたよ。いろんな鳥がいるね。これが鳥の巣だよ。
- わあ、鳥のおうちは、枝を集めて作るんだね!!
- 頭に飾りの羽が付いている鳥は、王様かな？
- 今日は、かわいい小鳥を作ってみよう。好きな色の画用紙を選んでね。
- 羽を広げてお空を飛んでいるみたいにしようかな！
- おうちも作ってあげよう。茶色い紙を枝みたいに細く切って…。

ゆらゆら鳥

Lv. ★★☆

円形を半分にしているので、ゆらゆら揺れてかわいい！ 羽も本物らしく飾れば鳥の完成。

ふんわりしっぽ鳥

Lv. ★★☆

ふんわりフラワーペーパーのとさかと尾がかわいい！

作り方

色画用紙 / 厚紙

子育て鳥の巣

Lv. ★★☆

クラフト紙の巣がリアル。筒の向きを横から縦に変えるだけで立体的なフォルムの鳥に。

作り方

フラワーペーパー / はる / 色画用紙 / クラフト紙 / 英字新聞

動物

70

ペンギン

ここを押さえよう！
タマゴ形の大きな体
ちょこっと付いた羽
白いおなか

ことばがけ (導入例)

- クイズだよ。飛べないけど鳥！ だーれだ？
- うーん、ニワトリさん？ ダチョウ？
- ヒントは寒ーい国に住んでいます。
- あー、わかった！ ペンギンだ。
- あたりー!! 今日は、みんなでペンギンの国を作りましょう。
- 氷のおうちに住んでいるんじゃないかな。
- 赤ちゃんペンギンもいるね。

色画用紙ペンギン

Lv. ★★☆

ねじったリボンがおしゃれ！
ポーズをアレンジしてもよいですね。

作り方

動物

アイスペンギン Lv. ★★☆

封筒の形を生かしたボディにオーロラシートでキラキラの氷上を表現しました。

作り方

封筒
はる
ティッシュペーパー
色画用紙

おさかなおいしいな

Lv. ★★☆

にっこり笑顔がかわいい子ペンギン。持っている魚はフェルトペンで装飾を。

作り方

色画用紙
はる

ひよことニワトリ

ここを押さえよう！

→ 赤いトサカ
→ 白い体

黄色のふわふわ丸っこい形 →

ことばがけ (導入例)

- ひよこのお母さんってだれか知っている？
- ニワトリさん！
- そうね。今日は、ニワトリ母さんとひよこを作りますよ。まずニワトリさんから作ろうね。
- 頭に、赤い冠みたいなのが付いているよ。
- トサカっていうんだよ。お父さんニワトリには大きなトサカ、お母さんには小さいのがあるよ。では、赤い紙をギザギザお山に切ってね。

ニワトリ親子がGO！

Lv. ★★☆

モールに連なったニワトリファミリーがキュート。壁面にしてもかわいいですね。

エプロンニワトリ

Lv. ★★☆

紙コップの体に好きな模様の色紙でエプロンを着せてあげましょう。

動物

作り方

72

フクロウ

ことばがけ(導入例)

- 🦉 フクロウっていう鳥を知っている？
- 👧 魔女や魔法使いのお話によく出てくるよ。
- 🦉 そうね。月や星のきらきら光る夜のお空を、大きく羽を広げて飛ぶことができるよ。くるくる動く、大きな目もかっこいいね。
- 👧 うん！ 目の回りもまあるくなっているよ。
- 🦉 では、まず体を作るよ。トイレットペーパーをぎゅきゅっと丸めてこの袋の中に詰めましょう…。

ここを押さえよう！

大きな目玉 その回りを縁取って…

羽を強調するとGOOD

おっきい目玉のフクロウ

Lv. ★★★

羽や翼は切り込みを入れると動きが出てより本物らしくなります。

作り方

ぽってりフクロウ

Lv. ★★☆

ポリ袋にクラフト紙を詰めると丸くてかわいいフクロウができました。ポリ袋の羽がヒラヒラしてステキ！

作り方

紙コップフクロウ

Lv. ★★☆

紙コップに、英字新聞の飾りをマスキングテープではります。羽の形を工夫して動きを付けるのもいいですね。

作り方

スマートフクロウ

Lv. ★★☆

色画用紙に切り込みを入れて作るおなかの部分が本格的です。

作り方

動物

73

オオカミ

ここを押さえよう！
とがった耳
ふさふさのしっぽ
大きな口と、とがった歯

ことばがけ（導入例）

- 7匹の子ヤギの絵本に出てきたオオカミさんをペンで描いてみましょう。お話に出てきたオオカミさんは、どんなだった？
- 大きなお口にとんがった歯がいっぱい生えていたよ。それでしっぽもふさふさ！
- でもやっつけられちゃうからちょっとかわいそう。
- みんなオオカミさんのこと、とってもよく知っているのね。子ヤギや母さんヤギも作ってみんなでお話ごっこをして遊ぼう!!

動物

ペープサート型オオカミ

Lv. ★★☆

自由にオオカミを描いてストローをペタッ。劇ごっこに使っても楽しいですね。

作り方

画用紙
ストロー

すっぽり帽子型オオカミ

Lv. ★★★

かぶって遊べる帽子型オオカミ。口は別に付けて立体感アップ！

作り方

封筒
ティッシュペーパー
モール
クラフト紙
色画用紙

指人形オオカミ

Lv. ★★☆

後ろに指を入れる輪っかをはって。作った後、遊べるのがうれしい！

作り方

色画用紙
はる
色画用紙の円柱

74

いぬ

ここを押さえよう！
黒い鼻
たれ耳 OR 立った耳

ことばがけ (導入例)

- いぬが好きな人。
- はーい。大好き!!
- 私のおうちにはいぬがいるよ。大きくって、お耳が垂れているの。
- ぼくのおうちのちびは、とっても小さくて毛がふさふさなの。
- いろいろな種類のいぬがいるね。いぬの本を持ってきたので、自分の好きないぬを探して作ってみましょう。どんないぬにしようかな？

グルグルダルメシアン

Lv. ★★

フェルトペンのグルグル丸でダルメシアンのブチを表現します。

作り方

お散歩しよう Lv. ★★

体の後ろに付けたストローを持ってお散歩しましょう。紙コップがコトコトと音を立てて楽しい！

作り方
ストロー
マスキングテープ
紙コップ
色画用紙

にこにこダックスフント

Lv. ★★

ダックスフントの特徴を生かして体は長めにするのがポイント。

作り方
ふんわり折って切る
色画用紙
中央をはり合わせる
色画用紙

動物

75

ひつじ

ここを押さえよう！

くるくるのツノはしま模様

モコモコの毛。
本当の毛を付けてもOK

短い足

ことばがけ（導入例）

- 遠足で行った牧場にひつじがいっぱいいたね。
- ぼく、初めて見たよ。フカフカであったかそう！
- 今日は、この段ボールと毛糸でひつじを作りましょう。どうやって毛糸を付けようかな？
- くるくる巻いたらどうかなあ。
- のりをいっぱーい付けて上から押さえたらどう？
- そうだね。いくつかやり方を見せるので好きな方法で付けてみてね。

ひつじのモビール

Lv. ★★☆

毛糸の巻き方ひとつでさまざまな模様ができます。つるして飾りましょう。

作り方

割りピン
モール
毛糸を巻く
画用紙
空き箱
片段ボール

ひも
ストローにひもを通す
色画用紙

スタンプひつじ

Lv. ★☆☆

ひつじの顔は自分の写真なので、記念に残りますね。

クルクル毛糸のひつじ

Lv. ★★☆

選ぶ楽しさも味わえるよう毛糸はカラフルに数種類用意しておきましょう。

Point
毛糸は左手のひとさし指に巻き付け、そっと抜きます。

作り方

角を切る
段ボール
画用紙
毛糸を巻いて木工用接着剤ではる
画用紙

作り方

写真
段ボール
切り込み
色画用紙
色画用紙
段ボールのスタンプを押す

動物

76

クマ

ここを押さえよう！

丸くて小さめの耳

太い手足

ことばがけ（導入例）

- お話に出てきたクマさん、優しかったね。ぼくのおうちにもクマさんがいたらなあ…。
- じゃあ、この茶色い紙で作ってみる？
- わあ、お話に出てきたクマさんとおんなじ色!!
- では、これを丸く切ってお顔から作ってみよう。
- やりたーい！ 耳はどんな形かな？
- では、もう一度本を見てみようか。

だっこクマさん Lv. ★★☆

色画用紙の切り方を工夫してちょこんと愛嬌のあるフォルムに。

作り方

色画用紙／色画用紙／はる

動物

コーディネートしよう Lv. ★☆☆

服や持ち物など自由に作ってクマをコーディネートさせましょう。

作り方

色画用紙／はる／色紙

Point
模様入り色紙を用意しておくと、作品にあたたかみが出ます。

紙袋のお座りクマさん Lv. ★★☆

紙袋のシンプルな体は花や虫など装飾してにぎやかに。

作り方

新聞紙／袋を閉じる／紙袋／はる／包装紙

77

たぬき

ここを押さえよう！
目の回りの色が違う
大きなしっぽ
膨らんだおなか

ことばがけ (導入例)

- もうすぐお月見ね。お月見の歌に出てきたたぬきさんを作って飾りましょう。
- たぬきさん、難しいよ。
- おなかが大きくてしっぽがふさふさ。
- 目の回りがパンの形みたいになっている…。
- そうね。では材料を配りますね。ロッカーからハサミとのりをお道具箱のふたに入れて取ってきましょう。では、お顔から作りましょう。

動物

封筒たぬき

Lv. ★★☆

ティッシュペーパーを詰めた封筒に、色画用紙をはるだけ！

作り方

ティッシュペーパー
封筒
折る
角を折る
色画用紙
色画用紙を階段折り

紙コップぽんぽこ

Lv. ★★☆

体の紙コップは柄のあるものを選ぶのがポイントです。

作り方

色画用紙　紙コップ

キツネ

ここを押さえよう！
とがった顔の先に鼻
大きなしっぽ

ことばがけ（導入例）

- （親指と中指、薬指を合わせてキツネを作りながら）コンコン、こんにちは。
- あ！ キツネさんだ、知っているよ。
- こんにちは、コンコン。みんなで牛乳パックを使ってキツネさんを作ってくださいな。
- えー、牛乳パックで?!
- そうよ。三角のお顔に長くてふさふさのしっぽを付けてね。

るんるんキツネ

Lv. ★★☆

手足は階段折りをして躍動感を出しましょう。

作り方　色画用紙／毛糸／階段折り

ふさふさしっぽでしょ？

Lv. ★★★

ひげやしっぽは本物らしく素材を工夫するとステキ！

作り方　色画用紙を円すいにする／毛糸／スズランテープ／セロハンテープ

牛乳パックギツネ

Lv. ★★☆

小さめの牛乳パックの先端をつぶして体にしました。ふんわりしっぽがキュート。

作り方　牛乳パック／ホッチキスで留める／色画用紙／フラワーペーパー

動物

うさぎ

長い耳
ここを押さえよう！
小さいしっぽ

ことばがけ（導入例）

- 今からうさぎさんを作りましょうね。うさぎさんってどんなのかな？
- お耳が長いよ。
- うん、園庭のうさぎさんは、音がしたらお耳をぴくぴくって動かすよ。
- いろいろな音がよく聞こえるように長いのかな。きっとみんなのお歌や楽しいお話も聞いてくれているよ。さあ、作ってみましょうね。

動物

まるまるうさぎ

Lv. ★★★

レジ袋に紙を詰めて頭の部分を結べばかわいいうさぎに！

Point
新聞紙を白い紙で包んでおくと、文字が透けずきれい！

作り方

新聞紙 / 白い紙で包む / 入れる / レジ袋 / 持ち手を結ぶ / 色画用紙 / セロハンテープでつなぐ / 丸くする / ポリ袋 / テープ

ゆらゆらうさぎ

Lv. ★☆☆

半分に折った紙皿でゆらゆら動いてかわいい！

作り方

紙皿 / 折る / レースペーパー / 綿 / 色画用紙

パックンうさぎ

Lv. ★★★

空き容器を2個使えばう さぎができます。カパッ と開く口が楽しいですね。

作り方

まきまきうさぎ

Lv. ★★★

牛乳パックの切り方を工夫 してうさぎのフォルムに！

作り方

Point
毛糸を巻くときは、箱に両面テープをはっておくと巻きやすくなります。

動物

封筒うさぎ

Lv. ★★★

リボンやボタンなどを付けるとオシャレに大変身！

作り方

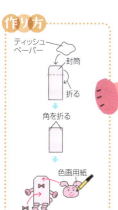

四角のうさぎ

Lv. ★★★

封筒の窓の部分を顔に見たてて…うさぎになりました。

作り方

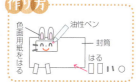

81

ヤギ

ここを押さえよう！

ツノ
離れた目
ひげ

ことばがけ (導入例)

- ヤギさんの出てくる絵本おもしろかったね。
- うん、ヤギさんってひつじさんに似ているね。
- ひつじさんに似ているけど、モコモコしていないよ。
- ヤギさんは、あごにおひげがあるね。
- おじいさんみたいだ。
- ほんとね！ まず紙をぎゅっと握ってしわしわにしてみましょう。
- しわしわがヤギさんにぴったりだ！

郵便ヤギさん

Lv. ★★☆

だれに手紙を書こうかな？ 指人形にして郵便屋さんごっこをしてみても。

作り方

ヤギのはり絵

Lv. ★★☆

体や手足を斜めにはるとヤギに動きが出ますね。

作り方

紙コップのヤギ家族 Lv. ★★☆

マスキングテープやシールなどで洋服をおしゃれにコラージュしましょう。

作り方

動物

サル

ここを押さえよう！
茶色の頭に顔
長い手足としっぽ

ことばがけ（導入例）

- 先生、おサルさんは、どうやって作ろう？
- お顔が丸をふたつ重ねたように見えるね。
- そうか、丸を2枚切ってはるといいかなあ？
- それでお耳が横に大きくって…。
- わかった！
- あとは、手や足を長ーくしたらできるね。しっぽも付けるといいかもよ。

色画用紙のサル

Lv. ★★☆

色画用紙を丸く切って重ねれば、サルの顔に！

作り方

色紙／色画用紙／はる

正装サルさん

Lv. ★★☆

千代紙を使えば、かわいい和服を着たおサルさんに！

作り方

色画用紙／紙コップ／千代紙／色紙

サルの親子 Lv. ★★☆

手足をクルンとしたり手をつないだりすれば壁面にも！

作り方

色画用紙を巻く／ペーパー芯／色画用紙／はる／輪にする／不織布を巻く／色画用紙

動物

ネズミ

- ここを押さえよう！
- 丸い耳
- 長いしっぽ
- 鼻の近くから、ひげ

ことばがけ（導入例）

- 粘土をくるくると丸めてね。そこに画用紙のお耳を付けるよ。それから目は、ビーズに接着剤を付けてちょん。
- わあ、ネズミさんだ。かわいい。
- みんなも作ってみようか。
- やりたーい！
- では、画用紙を切って耳を作ってね。それから粘土を配るよ。
- はーい！

ネズミのお面

Lv. ★★☆

紙皿がお面のサイズにピッタリ。ピーンと伸びたおひげはモールで。

作り方

- 輪ゴム
- モール
- 紙皿
- 丸シール
- 模様付き色紙

振りそでネズミ

Lv. ★★★

千代紙の着物で上品でゴージャスな雰囲気に。

作り方

- 色画用紙
- はる
- 千代紙
- ペーパー芯に千代紙を巻く

小さなおすもうさん

Lv. ★★☆

小さいのに力持ち！ 体に巻いたまわしがカッコイイですね。

作り方

- 色画用紙
- はる

動物

84

お菓子の箱で指人形

Lv. ★☆☆

お菓子のパッケージを生かしてネズミの体に。おいしそうな洋服になります。

作り方

紙粘土のネズミ

Lv. ★★☆

紙粘土に素材を差したりはったり。コロンとしてかわいらしい！

作り方

Point
目、耳、ひげ、しっぽなどは差す前に木工用接着剤をたっぷり付けましょう。

作り方
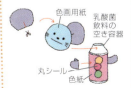

空き容器を生かしたチビネズミ

Lv. ★★☆

乳酸菌飲料の空き容器のサイズがネズミの体にピッタリです。

動物

85

カンガルー

ことばがけ(導入例)

- カンガルーのおなかには、ポケットがあるって知っている？
- 知っているよ。だって赤ちゃんカンガルーが入っているもん！
- 牛乳パックを用意したからカンガルーの形の小物入れを作ってプレゼントにしようと思うけどどう？
- やりたい！
- ポケットのところに赤ちゃんカンガルーも入れたいな。

プレゼントボックス

Lv. ★★★

体が箱状になっているので小物入れに。メッセージを添えてみて。

レターポケット

Lv. ★★☆

封筒のポケットに手紙などを収納できるので便利！

ブタ

ここを押さえよう！
三角の耳
くるっと巻いたしっぽ
大きな鼻に穴ふたつ

ことばがけ（導入例）

- 3匹の子ブタのお話おもしろかったね！
- うん。子ブタさんいろいろなおうちに住んでいたね。
- みんなで子ブタさんを作ってみようか？ みんなが持ってきてくれた箱で子ブタさんのあやつり人形を作ると楽しいと思うのだけど。
- やりたい！
- では、まずおうちから作りましょう。

子ブタのレターラック

Lv. ★★☆

紙皿を重ねてポケットに。壁に掛けて飾れます。

作り方

紙皿　色画用紙　モール　模様付き色紙

動物

ピッグマリオネット

Lv. ★★★

空き箱のデザインやじょうぶさを生かしてマリオネットふうに装飾します。

作り方

お菓子の空き箱　たこ糸

動物園・サーカス
（ゾウ・キリン・ライオン）

ここを押さえよう!

- たてがみを強調
- どっしりした体
- 大きくて顔の横にある耳
- 長い鼻
- 細くて長い体と首

ことばがけ (導入例)

- さあ、今から昨日の続きをしましょうね。作ったゾウのお顔と、ハサミとのりをお道具箱のふたに入れて持ってきましょう。
- 今日は体を作ってあげるんでしょう。
- そうよ。早く作ってって、ゾウさんが待っているよ。ゾウさんはこの紙袋で体を作りたいと思います。中に新聞紙を入れたら上をテープで留めようね…。
- 顔を付けたら、足もいるよ。私は背中に乗りたいなあ。
- ほんとね。小さな人を作って乗せてもいいね。

紙粘土ライオン

Lv. ★★☆

トレードマークのたてがみはカラフルなモールを差して表現しています。

作り方

- 色画用紙
- はる
- ビーズ
- モール
- モール
- 紙粘土

サーカスにおいでよ！

Lv. ★★★

輪つなぎの鼻がチャームポイント。ピエロのゾウ使いを背中に乗せて。

作り方

- 色紙
- キラキラ
- 色紙
- マスキングテープ
- ストロー
- 紙袋
- マスキングテープ

簡単キリン
Lv. ★☆☆

切ってはるだけのお手軽キリン。グルグル模様はフェルトペンで。

作り方

- はる
- 色画用紙

指スタンプをしよう

Lv. ★★☆

指スタンプがキリンの模様にピッタリマッチングします。

作り方

- モール
- 毛糸
- 色画用紙
- 色画用紙
- 指でスタンプする（絵の具で）

動物

88

作り方

裏に竹ぐしを
セロハンテープ
で留める

裏に段ボールを
はって浮かせる

動物園を作ろう！

Lv. ★★☆

片段ボールの草やバスにペープサートの自分を差して…
さあ、どこから回ろう?!

パーティアニマル

Lv. ★★★

円筒の体をアレンジしてさまざまな動物に。チャームポイントは素材を変えてアピール。

動物

作り方

土台
色画用紙
ふんわり折って切る
はる
真ん中の部分をのりではる

ライオン
ひも
毛糸
破った色画用紙

キリン
毛糸
丸めたフラワーペーパー

ゾウ

ネズミ
色画用紙
ひも

十二支
（うし・トラ・タツ・ヘビ・うま・イノシシ）

たてがみ／長いひげ／うずまきの体

ここを押さえよう！

体の模様を強調

ことばがけ（導入例）

- （十二支の絵本を読んで）お話どうだった？
- うん、ネズミさんが最後にぴょんと飛び降りて1番になっておもしろかった‼
- そうね。先生もびっくりしちゃった！ もうすぐ年が明けたらね、うし年になるのよ。それでね、うしさんの飾りを作ってもらおうと思います。来年いいことがいっぱいありますように、とお願いしながら作ろうね。
- 大きいうしさん作るー！

円筒のトラ

Lv. ★★★

ランダムにフェルトペンでしまを描き、色画用紙をクルンと巻いて。足先を丸めれば自立します！

作り方

色画用紙の円柱／足先を丸める

紙袋のうし

Lv. ★★☆

紙袋に新聞紙を詰め、ウシらしいふっくらスタイルにするのがポイント。

作り方

パンチ穴／モール／はる／色画用紙／新聞紙を詰めた紙袋

紙コップのタツ

Lv. ★★★

小さめの紙コップをモールでつなげます。うろこをたくさんはってタツらしく。

作り方

紙コップ／穴をあける／モール／色画用紙

うずまきヘビ

Lv. ★★☆

うずまきボディがヘビそっくり！ シールとマスキングテープで装飾しましょう。

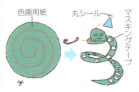

作り方

指人形のうま

Lv. ★★☆

切り込みを入れたてがみがうまっぽさを演出します。

作り方

封筒のうま

Lv. ★★☆

ティッシュペーパーを多めに詰めてふっくらさせてもいいですね。

作り方

コーヒーフィルターイノシシ

Lv. ★★☆

ボディの色や形がぴったりの素材を用いて。三角模様をたくさんはりましょう。

作り方

動物

第4章
虫や小さな生き物

小さな生き物が大好きな子どもたち。
実物を見ながら、いっしょに特徴をとらえて
作ってみても楽しいですよ。自由な発想で
たくさん作って遊びましょう。

ベタベタちょうちょ

手乗りカタツムリ

ナナホシテントウムシ

ペーパー芯を使って

クリアトンボ

ツリーハウスへようこそ！

ビニールの羽のセミ

フラワーペーパーのハチ

動かせる紙コップカブト&クワガタ

封筒のセミ

セロハンの羽のトンボ

ビニールバチ

背中に乗せて

紙コップで
虫カゴ

キラキラカタツムリ

フォトフレームテントウムシ

93

テントウムシ

ここを押さえよう！

赤と黒の配色

ことばがけ (導入例)

- 先生、テントウムシを捕まえてきたよ。
- わあ、かわいい！
- 見せて、見せて。
- そうだ！ みんなで作った色紙のお花畑にテントウムシを作って止まらせてみない？
- やりたーい！
- 画用紙を用意するね。えーと、赤い画用紙と…。
- 黒いペンもいるよー。

虫や小さな生き物

フォトフレームテントウムシ

Lv. ★★★

リングを引くと羽が開いて写真が見られるアイディアデザインです。

羽が動く！

作り方

パンチ穴／厚紙／丸シール／パンチ穴／写真／セロハンテープ／(裏)／割りピン／(裏)／ひも／ストロー／モール／ひもを穴に通し裏のストローに通す／穴をあける／チェーンリング

ナナホシテントウムシ

Lv. ★★☆

ナナホシはフラワーペーパーを丸めて立体的にアピールしましょう。

作り方

切り込みを入れて半立体にする／色画用紙／モール／フラワーペーパー

ガチャポンケーステントウムシ

Lv. ★★☆

ガチャポンケースを包んでまんまるのボディにしましょう。

作り方

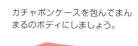

ガチャポンケースに色紙を巻く／色画用紙

みつばち

ここを押さえよう！
触覚
おなかのしましま模様
おしりの針

ことばがけ（導入例）

- みつばちの歌、きれいな声でうたえるようになったね。今日は、このお歌のようにお花畑とみつばちを作ってお部屋に飾りたいと思います。では、まずハチさんの出てくるこの絵本を見てね。頭には、触角というツノが付いているよ。
- ほんとだ。それに体がシマシマ模様。
- では、顔から作ってみるね。

フラワーペーパーのハチ

Lv. ★★★

キラキラ色紙の羽がきらりと輝いてカッコイイ！

作り方
はる／キラキラ色紙／モール／フラワーペーパー／フラワーペーパー／丸シール

ハチの巣

Lv. ★★☆

クラフト紙をねじるだけなので簡単！

作り方
新聞紙／色画用紙／クラフト紙／はる／ねじる

虫や小さな生き物

お花畑に行こう♪

Lv. ★★★

花かごを持たせたキュートなみつばちは縦長のフォルムに。

作り方

モール／色画用紙／キラキラ色紙／丸シール／はる

ビニールバチ

Lv. ★★☆

透明ビニール袋の透け感を生かした黄色いぷっくりみつばち！

作り方

モール／色画用紙／はる／丸シール／フラワーペーパー／ビニール袋

ちょうちょ

ここを押さえよう！
触角
大きな羽はいろいろに飾ってかわいく

> **ことばがけ**（導入例）
> - ひらひら飛んできたのは、ちょうちょですよ。（ちょうの形の紙を見せながら）
> - でも真っ白だよ。きれいな模様を付けたいなあ。
> - そうよねえ。今日は絵の具を用意したよ。見てね、こうして塗って、上から色紙をふりかけると…。
> - わあ、くっついた！　やってみる！　楽しそう。
> - 並べたり、組み合わせたりしてきれいな模様のちょうちょを作ってね。

虫や小さな生き物

ペタペタちょうちょ　Lv. ★★☆

木工用接着剤に絵の具をどれだけ混ぜるかで、印象がガラリと変わりますね。

作り方

先を折ったモール
木工用接着剤に少しだけ絵の具を混ぜて塗る
厚紙
乾かないうちに色紙をちらす

背中に乗せて　Lv. ★★☆

背中に自分を乗せて飛び立とう！
個性が光る作品です。

作り方

羽　二つ折りにした色画用紙
セロハンテープで留める
胴体　裏からセロハンテープで留める
ストロー
挟んではる
色画用紙

96

丸シールのカンタンちょうちょ

Lv. ★☆☆

ペタペタはれば、かわいいちょうちょのでき上がり。

紙皿ちょうちょ

Lv. ★★☆

好きな模様を描いたら、半分に切ってちょうちょに！

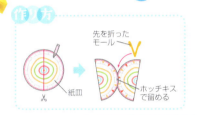

ちょうちょとお花畑

Lv. ★★☆

キラキラ光るちょうちょがきれいな春らしい壁面です。

虫や小さな生き物

カタツムリ

ここを押さえよう！
ツノ（目）が出ている
丸い殻

ことばがけ（導入例）

- 園庭のアジサイの葉っぱの上で見つけたよ。
- あ!! カタツムリ。ゆっくりゆっくりだね。
- ほんとね。あ、ツノが出たよ。
- ちょっと触ったら、ツノがひっこんだ！
- アジサイの葉っぱやお花に住んでいるのかなあ。
- そうね。みんなで殻に飾りを付けたカタツムリを作りましょう。

虫や小さな生き物

カタツムリハウス

Lv. ★★

殻を家に見立てて…好きなものを乗せたカタツムリに！

作り方

手乗りカタツムリ

Lv. ★★

フラワーペーパーを詰めてはるだけ！手乗りサイズがかわいいですね。

作り方

キラキラカタツムリ

Lv. ★★★

立体感がかわいい！ オーロラシートが光ってステキです。

作り方

98

アジサイのおうち

Lv. ★★★

ごはんなどのパーツをプラスしてままごと遊びを楽しんでみても。

カラフルカタツムリ

Lv. ★★☆

ブクッと立体的な底の深い紙皿に、フラワーペーパーが華やか！

ふんわりカタツムリ

Lv. ★★☆

じんわり温かい雰囲気のカタツムリになります。いろいろな模様でやってみよう！

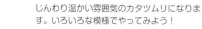

虫や小さな生き物

カブトムシ・クワガタムシ

ここを押さえよう！

T字型のツノ

挟める形

ことばがけ (導入例)

- みんなカブトムシ好き？
- かっこいい！ 大好き。おうちで飼っているよ。
- 今日は、カブトムシを作りましょう。
  初めに紙をくるっと丸めてのりではりますね。それから角や足を切って付け、お顔を描いたらでき上がり。
- やりたーい！
- 明日は、カブトムシにおうちを作ってあげましょうね。

虫や小さな生き物

ツリーハウスへようこそ！

Lv. ★★★

色画用紙の円筒を組み合わせておうち型に。好きな虫を飾りましょう。

指で押すと動きます！

動かせる紙コップカブト＆クワガタ

Lv. ★★☆

側面を指で押すとピョンピョン動くのが楽しい！

作り方

紙コップ / 縁の硬い部分を切る / 色画用紙

作り方

二つ折りした色画用紙 / 色画用紙 / 筒状にする / 折る / 切る / 切り取る / 画用紙

セミ

ここを押さえよう！

透き通った羽に格子模様

ことばがけ（導入例）

- セミを捕ってきたよ。セミの羽って透き通っていてきれいね。
- ほんとだ！ 透き通っている。でもちょっとこわいよ…。
- だいじょうぶよ。触ってごらん。仲よしになれるように、紙でセミを作ってみようか？この透明のシートにペンで線を描いて羽にしたらどう？
- わあ、本物みたい！

ビニールの羽のセミ

Lv. ★★☆

透け感のある羽が涼しげで夏らしい！ カラフルに模様付けしましょう。

作り方

虫カゴ

Lv. ★★★

閉じた状態でも中がのぞける本物そっくりな作りの虫カゴです。

作り方

封筒のセミ

Lv. ★★☆

封筒を折って…少し立体感を出しましょう！

作り方

虫や小さな生き物

トンボ

ここを押さえよう！
大きな目
まっすぐな羽
細い体

ことばがけ（導入例）

- 公園に行ったらトンボがお池の周りの柵に、いっぱい並んで止まっていたよ。細い棒のような体にきれいな羽があってね、大きな目玉がぐるぐる。
- 見たかったなあ。
- 今からトンボを作りましょう。ひもで天井からぶら下げるよ。
- わあ、本当に飛んでいるみたいになるね。

セロハンの羽のトンボ　Lv. ★★☆

カラフルなセロハンは、重なりぐあいで色の変化を楽しめます。

作り方　＜羽＞ セロハンを重ねてはる　画用紙　＜体＞ 色紙　巻く　画用紙　セロハンテープで留める

虫や小さな生き物

ピカピカ目のトンボ　Lv. ★★☆

フレッシュ容器にカラーホイルを詰めて作ったキラキラした立体的な目が特徴です。

作り方　ペーパー芯　はる　フレッシュ容器　紙テープ　カラーホイル

ナチュラル素材のトンボ　Lv. ★★☆

アイスのスプーンの形がトンボの羽らしいですね。ボタンの目が印象的です。

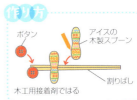

作り方　ボタン　アイスの木製スプーン　割りばし　木工用接着剤ではる

動かせるトンボ

Lv. ★★

ストローをはってひもを通せば動くトンボの完成！

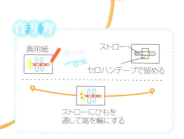

作り方

紙テープ プリティトンボ

Lv. ★★

紙テープを長くして、たくさんねじってはってもかわいいです。

作り方

虫や小さな生き物

色紙をはった トンボ

Lv. ★★

色紙をちぎって、思い思いの模様を付けましょう。

作り方

クリアトンボ

Lv. ★★

透明感が出て、リアルなトンボのでき上がり！

作り方

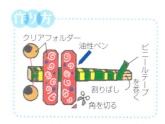

ミノムシ

ここを押さえよう！

頭をちょっと出すとかわいくなる

ミノは洋服を着せるように素材を楽しむ！

ことばがけ (導入例)

- みんなミノムシって見たことある？
- 絵本で見たけど本当のミノムシは見たことない。
- 先生、今日はミノムシの写真を持ってきたよ。
- あっ！ こんなに小さいの。あれあれ、中からお顔が見えてきた。
- ほんとね、絵本といっしょだね。今日はこの紙でミノムシを作りましょう。先生が作った壁の木の枝に、みんなのミノムシをぶら下げようね。

虫や小さな生き物

ひも通しミノムシ

Lv. ★★☆

ひも通し感覚で様々な素材を通して、作っても飾っても楽しめるアイディア作品です。

紙コップで

Lv. ★★☆

紙コップからのぞく顔がかわいいですね。

104

ハギレのコラージュミノムシ

Lv. ★★★

ハギレを組み合わせてミノをデコレーションしましょう。

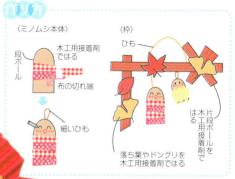
作り方
〈ミノムシ本体〉 〈枠〉

ペーパー芯を使って

Lv. ★★★

色紙のはり方に個性が出るといいですね。

作り方

虫や小さな生き物

色画用紙で

Lv. ★★★

1枚の長方形の色画用紙を丸めて顔を作りました。たくさん色画用紙をはるとミノムシらしく！

作り方

105

第5章

植物

きれいな花、おいしい果物や野菜など、たくさんの「植物」を詰め込みました。製作物を飾っても楽しい、プレゼントの飾りにしてもうれしい作品がいっぱいです。

親指姫といっしょ

かぶ

色画用紙ドングリ

プチトマト

入れ替えはち植え

重ね切りしよう

いろいろ葉っぱ

ようこそクリハウスへ！

指人形で仲よしイモファミリー

芯までかわいいリンゴ

106

ひらひらひまわり

サツマイモバッグ

プチプチアジサイ

クレープカーネーション

封筒きのこ

色画用紙でカンタンつくし

ペタペタ菜の花

切り紙のアサガオ

くるくる巻きタンポポ

ブドウ君がいるよ！

107

花
（寄せ植え）

ここを押さえよう！

紙の質感を生かす

葉っぱの緑が花の色を引きたたせる

ことばがけ (導入例)

- 小さなお花をいろいろ作ってみましょう。
- どんなお花？
- 今日は、違うお花が作れるように、机ごとにいろいろ材料を並べているよ。お話を聞いてから、作りたいお花の材料のところに行ってね。では、この机の材料の使い方はね…。
- どれを作ろうかな？

入れ替えはち植え

Lv. ★★★

かわいいお花を作ったら、いろいろなはちに入れましょう。

作り方

花の台紙：モール、パンチ穴、色画用紙

花1：障子紙、水性ペン
全体を水でぬらす → 中央に押し当ててにじませる

花2：色画用紙、丸めたフラワーペーパー

植木ばち：
封筒 → 外側に2回折る → 角を折ってテープで留める → 花の台紙を差し込む

植物

紙コップで
お花の土台をくるっと丸めて入れると、立体的になりました。

果物ネットで
果物ネットにお花を土台ごと入れて完成！

菓子箱で
菓子箱に入れると、花壇のようにもなりますね。

ビニール花束

Lv. ★★

丸シールを組み合わせて花模様に。色紙は好きな色を選びましょう。

作り方

ビニール（クリア）、丸シール
下は少し残しておく

ビニールをかぶせる
色紙をジャバラに折る
リボンを結ぶ
セロハンテープで留める

カラフルお花のバスケット

Lv. ★★

暖色系のお花を多くするとより春らしくなります。

さくら

ことばがけ (導入例)

- みんなが卒園して小学校に行くと先生寂しいな…。
- また新しいお友達が園に来てくれるよ。
- 私の弟も来るよ!!
- そうね。今日は、みんなの思い出のお部屋をさくらの花で飾りたいと思います。きれいなお花で飾って新しいお友達をお迎えしましょう。
- はーい。喜んでくれるよ！

ここを押さえよう！
色はピンクの濃淡で
花びらに切り込み

ふんわりさくら
Lv. ★★☆

のりを中心だけに付けてはると、ふんわり花びらに動きが出ます。

作り方

切り紙のさくら
Lv. ★★★

アクセントに千代紙を使うと上品にまとまります。

重ね切りしよう
Lv. ★★☆

1回で5枚の花びらが作れて楽ちん！円の土台にはって。

作り方

植物

110

菜の花

ここを押さえよう！

- 小さな黄色い花の集まり
- 太い茎
- ちじれた葉っぱ

ことばがけ（導入例）

- みんなで行った菜の花畑。黄色い小さなお花がいっぱい集まっていて、とってもきれいだったね。
- うん！　ちょうちょもいっぱい遊びにきていたよ。
- お部屋の後ろに菜の花畑を作ってみない？
- やってみたい！本当のちょうちょさんが来てくれるといいなあ。

ペタペタ菜の花

Lv. ★☆☆

紙コップを半分にして、クシャッとしわを付けた色紙をはるだけ。

作り方

お花のパーツで

Lv. ★★★

花パーツをランダムにはって。葉はもんで質感を出します。

作り方

毛糸でクルクル菜の花

Lv. ★★☆

色画用紙の切り込みに毛糸を自由に巻いて菜の花をデコレーション！

作り方

植物

111

タンポポ

ここを押さえよう！

白いふわふわ
種
地面をはうように広がる葉っぱ
黄色い花がたくさん

ことばがけ (導入例)

- 今日はお花を作ります。黄色いお花で、葉っぱがギザギザ。なんていうお花でしょうか？
- えーっと、タンポポかな？
- 正解！いっぱい咲いているところをみんなで作りましょうね。では、紙を配りますね。

植物

チェックタンポポ

Lv. ★★☆

色紙の円を重ねてはるだけなので簡単！アクセントにチェックを入れて。

作り方
色紙
切り込みを入れる
大中小作り重ねてはる
模様付き色紙　色紙

くるくる巻きタンポポ

Lv. ★★★

不織布に切り込みを入れて巻くとふんわり花びらに！

元気いっぱい花びら

Lv. ★★☆

紙コップを切り開いたダイナミックな花びらが印象的。

作り方
紙コップ　はる
色画用紙　ストロー

作り方
二つ折りした不織布
端から巻く
ホッチキスで留めて開く
〈葉〉色画用紙

チューリップ

ここを押さえよう！

おわん型をギザギザに切ったような形

向かい合った長い葉っぱ

ことばがけ (導入例)

- （写真、実物を見せながら）今日は、チューリップを作りましょう。赤、白、黄色、ピンクもあるね。みんなは、どの色が好き？
- ぼくは赤。
- 私はピンク。
- では、お花から作りましょうね。紙をここに並べておくので、順番に好きな色の紙を取りに来てね。

植物

モールを引っ張ると花が中に入ります

お菓子のチューリップ
Lv. ★★☆

パッケージのデザインを生かしたおしゃれチューリップです。

チューリップカード
Lv. ★★☆

葉にメッセージを書けるのでプレゼントにもぴったり！

作り方

色紙／色画用紙／モール

親指姫といっしょ
Lv. ★★★

果物ネットの花にちょこんと乗った親指姫がキュート♡

作り方

フラワーペーパー／レースペーパー／厚紙／円柱の色画用紙／はる／果物ネット／色画用紙／ストロー／透明容器

作り方

お菓子の空き袋／ストロー／重ねる／モール／色画用紙

カーネーション

ここを押さえよう！
折り畳んで束ねたような花びら
細く長い葉っぱ

ことばがけ（導入例）

- 母の日のプレゼントにカーネーションのお花を作りましょう。赤い紙を重ねて畳んで、ホッチキスで留めます。
- わあ、きれい。作ってみたい。
- では材料を配りますね。みんなは、ロッカーからハサミとのりを道具箱のフタに入れて持ってきてね。
- はーい！

カーネーションの花束

Lv. ★★☆

レースペーパーやリボンなど素材を工夫して華やかに。

作り方

フラワーペーパー / 折る / レースペーパー / リボン / クレープ紙

植物

ポップな一輪挿し

Lv. ★★☆

お菓子の袋の端を使ったアイディア製作。かびんもデコレーションを。

作り方

お菓子の空き袋 / 乳酸菌飲料の空き容器 / 階段折りにする / 色画用紙 / ホッチキスで留める / ストロー / レースペーパー

クレープカーネーション

Lv. ★★☆

クレープ紙の質感がカーネーションにぴったりマッチング！

作り方

ホッチキス / 折る / はる / クレープ紙 / 色画用紙 / ストロー

115

アジサイ

ここを押さえよう！

小さな花が集まり球体に

大きい葉っぱ

ことばがけ（導入例）

- 先生！　カタツムリがいたよ！
- わあ！　どこにいたの？
- アジサイのところ！
  お花が、カタツムリのおうちかなあ。
- 紫やピンクの紙で、アジサイのお花を作ってみようか。みんなで作ったら楽しいと思うよ。
- やりたーい。

植物

くるくるアジサイ　Lv. ★★

細長い色画用紙をくるくる巻いてカラフルなアジサイを作りましょう。

作り方

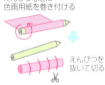

えんぴつなどに色画用紙を巻き付ける

えんぴつを抜いて切る

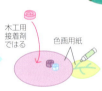

木工用接着剤ではる

色画用紙

プチプチアジサイ　Lv. ★★

フラワーペーパーを中に入れることで、ぐっと華やかに。

作り方

油性ペン

プチプチシート

丸めたフラワーペーパー

厚紙

包んでセロハンテープで留める

色画用紙

116

アーチのぷくぷくアジサイ

Lv. ★★

色画用紙にフラワーペーパーをはって、アーチ状に。

ふりかけアジサイ

Lv. ★★

濃いめの絵の具を塗って、紙テープをふりかけるだけ！

植物

小窓からこんにちは

Lv. ★★

小窓からカタツムリがひょっこり顔を出す作品は梅雨にぴったりです。

117

ひまわり

ことばがけ(導入例)

- 花壇のひまわりが大きくなったね。
- ぼくよりも大きくなった！
- お花はお顔みたいにまあるいよ。
- そうね。今日はひわまりうちわを作りましょう。黄色い色画用紙で作った花びらを周りにくるっとはるといいね。

ここを押さえよう！
おひさまみたいに花びらを周りに
大きな丸い花
背が高い

植物

麻ひもを巻いた大きなひまわり
Lv. ★★

段ボールに切り込みを入れて麻ひもを巻き、先をねじったフラワーペーパーを裏からはります。

作り方

- 段ボールに麻ひもを巻く
- 割りばしにビニールテープを巻く
- フラワーペーパー
- 広げる
- 折り目を付ける

にっこりひまわりうちわ
Lv. ★★

うちわの形を生かした夏らしい作品。にっこりお顔を描いてみて。

作り方

- うちわに色画用紙をはる
- 色画用紙
- マスキングテープを巻く
- 模様付き色紙
- 色画用紙

ひらひらひまわり
Lv. ★★★

染めた油こし紙を重ねて、大きくてかわいいひまわりの完成！ 段ボールの花壇に差して飾ります。

作り方

- 油こし紙(大、小2枚)
- 果物ネット
- 色画用紙
- 絵の具
- 2枚重ねてはる
- ストロー

アサガオ

- ここを押さえよう！
- くるくるのつる
- 丸い花で中央が白い
- 葉っぱの形に注目

ことばがけ （導入例）

- みんなのアサガオの鉢が、そろそろ花を咲かせ始めたね。
- つぼみが開くと、まあるい大きな花になった。
- 葉っぱもおもしろい形だね。
- この前、みんなが染めた丸い紙を真ん中でねじってお花を作りますね。葉っぱやツルの紙も用意したので、始めましょう。

植物

切り紙のアサガオ

Lv. ★★☆

折り方と切る位置を覚えて、たくさん作ってみよう！

作り方

色紙 / はる / 色画用紙

染め紙のアサガオ

Lv. ★★★

和紙を染めて。ツルのように巻いた紙テープがポイントです。

作り方

色画用紙 / 紙テープ / はる / 中央をねじる / 障子紙 / 絵の具で染め紙をする / 段ボール

つくし

ここを押さえよう！
卵形の先
節にギザギザのはかま

ことばがけ（導入例）

- 絵本に出てきたつくしを見つけたので持ってきたよ。
- わあ、絵本で見たのとおんなじだ！
- へえ、小さくって細い。
- 途中にあるギザギザを「はかま」っていうのよ。
- はかま!?
- 今日は、みんなでつくしを作ってみましょう！まず、お顔みたいな丸を切ってください。

植物

色画用紙でカンタンつくし
Lv. ★★

模様付き色紙がおしゃれ。

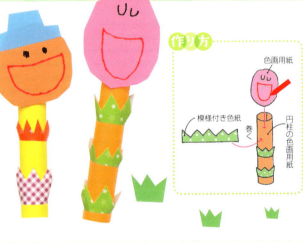

作り方
色画用紙
模様付き色紙
巻く
円柱の色画用紙

作り方
色画用紙
パス
絵の具ではじき絵にする
色画用紙
円柱にする
写真をはる
色画用紙をはってつなぐ

大きーいつくし
Lv. ★☆☆

はじき絵にした画用紙を筒にしてつくしに！
どの年齢の子どもでも楽しめますね。

モモの花

ここを押さえよう！
枝にくっついて咲く
丸めの5枚の花弁

ことばがけ（導入例）

- おひなさまに飾るピンクの小さなお花は、モモの花っていうんだよ。
今日は、丸く切った色紙を用意したので、これを重ねてモモの花を作りましょう。
できたらロッカーの上に並べてね。
のりが乾いたら先生が後ろの壁にはりますね。
- みんなで作るといっぱいになってきれい！
- ほんとうね。お部屋に春がきたみたいだね。

5つの丸でモモの花

Lv. ★★☆

5つの丸をずらしてはって、花びら風にアレンジ！

作り方

色画用紙／はる／和紙

色画用紙でモモの花

Lv. ★★★

巻いた色画用紙にはると、枝ごとあるモモに！　このまま花びんに挿してもいいですね。

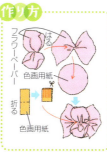

ふんわりモモ

Lv. ★★☆

フラワーペーパーで柔らかい印象に。おしべとめしべも忘れずに。

作り方
フラワーペーパー／はる／色画用紙／折る

ほっこりモモの花

Lv. ★★☆

色画用紙の土台に毛糸を巻いてはるだけで、あたたかみのあるかわいいモモの花に。

作り方

色画用紙／毛糸／布

作り方

色紙／色画用紙／はる

植物

イチゴとサクランボ

ことばがけ (導入例)

- 園庭にイチゴがなったね。
- 黄緑色だったのが、だんだん赤くなって大きくなったよ。白いお花も咲いているよ。
- そうね。お部屋の壁の飾りを作りたいんだけど、イチゴ畑はどう？みんなイチゴのことをよく知っているから、うまく作れると思うの。
- やりたい！　葉っぱも作ろうっと。

ここを押さえよう！

点々の種　星形のへた　逆三角形

赤くてつやつや

紙粘土イチゴ
Lv. ★★☆

絵の具の量を調整し、イチゴらしい色を作ってみましょう。

作り方
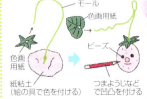
モール／色画用紙／ビーズ／色画用紙／紙粘土（絵の具で色を付ける）／つまようじなどで凹凸を付ける

顔付きイチゴ
Lv. ★★☆

作り方

色画用紙／はる／モール／パンチ穴

切り込みを入れてずらしてはると、立体感のあるイチゴに。

ペーパー芯のサクランボ
Lv. ★☆☆

空洞を生かしたデザイン。中にフラワーペーパーを詰めて果肉たっぷりに！

作り方

ペーパー芯にビニールテープを巻く／色画用紙をねじる／折る／はる／内側にのりを付ける／丸めたフラワーペーパー／セロハンテープではる

ポンポンサクランボ
Lv. ★☆☆

口をモールで縛れば、かわいいサクランボの完成！

作り方

ビニール袋／ひも／内側にセロハンテープで留める／モール／フラワーペーパー／角を留める

植物

リンゴとミカン

ここを押さえよう！

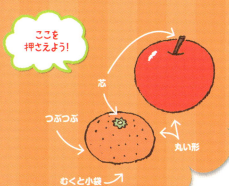

ことばがけ (導入例)

- 先生が作った大きな木を見て！（部屋の壁を指す）
- うん。大きい！
- でも枝だけで寂しいなあ。みんなにリンゴを作ってもらおうと思うんだけどどうかな？
- やりたい！
- では、いっぱい作ってぶら下げましょうね。おいしそうに作ってね。

芯までかわいいリンゴ

Lv. ★★★

好きな絵を描いた芯に、リンゴの形を意識して色画用紙をはってみよう！

作り方

輪っかミカン

Lv. ★★☆

顔付きミカンがかわいい！丸くなるように色画用紙を重ねてみましょう。

作り方

植物

窓あきリンゴ

Lv. ★☆☆

好きな絵をリンゴの窓からのぞかせよう！窓が開閉できるのが楽しいですね。

作り方

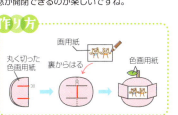

ブドウ

ここを押さえよう！

ツル
葉っぱの形
丸が集まって房に

ことばがけ (導入例)

- 小さい丸がいっぱい集まっている果物は、何でしょう。紫や黄緑のもあります！
- 何だろ？
- わかった！　ブドウ！
- 正解でーす。
今日は、この細い紙を輪にしてつなげ、ブドウの房を作ります。
指の先にちょっとだけのりを付けてはってね。
輪がたくさんできたら、房にしましょう。

植物

輪っかのブドウ

Lv. ★★★

輪っかの中には、自分が好きなものを詰め込もう！

作り方

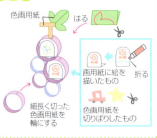

色画用紙
はる
画用紙に絵を描いたもの
折る
細長く切った色画用紙を輪にする
色画用紙を切りばりしたもの

透明容器のマスカット

Lv. ★★★

透明容器に絵を敷いて、実をカラフルにデコレーション♪

作り方

色画用紙
絵を裏にして入れる
透明容器
丸めたフラワーペーパー
セロハンテープで留める

ブドウのカバン

Lv. ★☆☆

スタンピングを重ねて取っ手を付ければ、あっという間にブドウのカバンのでき上がり。

作り方

輪つなぎブドウ

Lv. ★★☆

好きなだけ輪つなぎを作るのが楽しいですね。模様付き色紙も使うと、かわいさアップ！

作り方
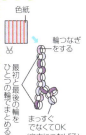

ボトルキャップのブドウ

Lv. ★★☆

ぷっくりとした立体感がかわいいですね。

作り方

ブドウ君がいるよ！

Lv. ★★★

たんぽをしてブドウの粒を表現します。ブドウ君を画用紙に描いて、差し込んで遊ぶのも楽しいですね。

作り方
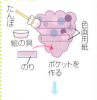

植物

きのこ

ここを押さえよう!

カラフルな模様
傘と軸
裏はしましま

ことばがけ (導入例)

- 今日はきのこを作りますよ。きのこの図鑑を持ってきたよ。
- 黄色や赤、いろいろなのがあるんだね。
- 大きな傘のきのこもあるね。
  好きな色の画用紙を傘の形に切って模様を付け、小さいほうの画用紙で軸を作ってはりましょう。
- やってみたい!

植物

着せ替えきのこ

Lv. ★★☆

ペーパー芯で作った頭の帽子にかわいくデコレーション。

頭の帽子は交換できます!

作り方

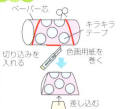

ペーパー芯
キラキラテープ
切り込みを入れる
色画用紙を巻く
差し込む
色画用紙

封筒きのこ

Lv. ★★★

封筒の底にティッシュペーパーを詰めてねじるだけで、ちょこんとかわいいキノコに!

作り方

ティッシュを入れる
底をつぶすようにねじる
ペーパー芯
もんだ色画用紙を巻く
折る

染め紙きのこ

Lv. ★★☆

染め紙を空き容器にかぶせると、模様のすてきなキノコができました。

作り方

障子紙
絵の具
空き容器
包む
のり
差し込む
色紙を巻く
ペーパー芯

ドングリ

ここを押さえよう！
帽子
長いもの、丸いものいろいろな形

ことばがけ（導入例）

- 昨日の散歩で、いっぱいドングリを拾ったね。
- 丸いのや細いのや、いろいろなものがあった。帽子をかぶっているのもあったよ！
- ぴったりの帽子をかぶっていて、おもしろいね。色画用紙を切って帽子をかぶったドングリを作ってみましょう。
- 私は、まあるいドングリさんを作ろうっと。

帽子は付け換えOK!

ドングリの帽子屋さん

Lv. ★★☆

洗濯バサミで留めているだけなのでいろいろな帽子を付けることができます。

作り方

茶封筒／二つ折りした色画用紙／折る／折る／トイレットペーパー／木製洗濯バサミで挟む／色画用紙

植物

色画用紙ドングリ

Lv. ★★☆

作り方
自由に色画用紙を切ってはって、自分だけのオリジナルドングリに！
色画用紙
はる

クヌギのドングリ

Lv. ★★★

コロンとした形におわん型の殻（帽子）におおわれたクヌギのドングリ。いろいろなドングリを作ってみよう。

作り方

ガチャポンケースを色画用紙で包む／丸シール／ティッシュペーパーを色紙で包む／色画用紙

127

クリ

- ここを押さえよう！
- とんがり頭
- 底がザラザラ
- トゲトゲのイガの中に並ぶ

ことばがけ (導入例)

- 今日は、クリを持ってきたよ。
- わあ、針がいっぱい生えている！
- クリは、このイガの中に並んでいるんだよ。
- ほんとだ。4つも並んでいる！ おうちみたい。
- 今日はこのイガに入ったクリを色画用紙で作りますよ。まずはおうちみたいなイガを作ろうね。

植物

作り方

- お菓子の空き箱
- 色画用紙
- はる
- 小さいクリや家具はペンで描いて立てる
- 色画用紙を輪にする
- はる

ようこそクリハウスへ！

Lv. ★★☆

家具やクリを自由にデコレーションして、イガグリのマイハウスを作ってみましょう。

閉じると…

開閉式イガグリ

Lv. ★★☆

色紙をクリの形に整えて色画用紙で挟めばでき上がり。

作り方

- 色画用紙
- 半分に折る
- 重ねてはって立体的にする
- 色紙を折る
- 何度か折る

128

サツマイモ

ここを押さえよう！

- ツルでつながる
- ハート形の葉っぱ
- 長くて太い
- ひげ

ことばかけ（導入例）

- おイモ掘り楽しかったね。
- 土の中に、大きなおイモや、赤ちゃんみたいなおイモがあった！ミミズや小さな虫さんがびっくりして出てきたよ…。
- お部屋に、みんなで作ったおイモを畑みたいに飾って楽しかったことを小さい組のみんなにも教えてあげよう。では、まず紙をもんで柔らかくしてね…。
- はーい。

植物

クラフト紙のネジネジイモ

Lv. ★☆☆

クラフト紙をねじって、毛糸でひげを付ければコロンとしたサツマイモに！

作り方
- 端をねじる
- 新聞紙を丸めてクラフト紙で包む
- のりを塗る
- 毛糸をひげ根のようにはり付ける

Point
毛糸をはるときは土台にのりを付けましょう。

コーヒーフィルターのイモ

Lv. ★★☆

ぱかっとのぞくおイモがおいしそう！ ツルや手を付けて動きを出して。

作り方

- コーヒーフィルター
- 絵の具
- フラワーペーパー
- 両面テープで閉じる

- 丸シール
- ねじったフラワーペーパー

指人形で仲よしイモファミリー

Lv. ★★☆

おイモの家族を作ってみましょう。指にはめて、子どもたちも大喜び！

作り方

- 色画用紙
- 裏にはる
- 輪にした画用紙

- 空き箱

サツマイモバッグ Lv. ★★★

皮をバッグふうの形に。中身を取り出して遊んでみても！

取り外し可能！

閉めると…

作り方

紙コップでイモ掘り Lv. ★★

ふたを開けて引っ張り出すと…プチおイモ掘りが楽しめます。

作り方

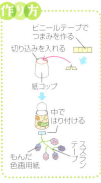

植物

みんなで イモ掘りしよう

Lv. ★★☆

コンテのイモがかわいい！ 紙テープがアクセントになりますね。

作り方

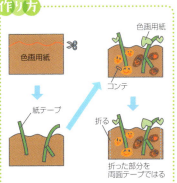

野菜

ここを押さえよう！
模様
ツブツブ
大きい皮
色や大きさをよく見て

ことばがけ (導入例)

- 今日は、画用紙でかぶを作りますよ。畑を見に行ってどうだった？
- 葉っぱだけ出て、かぶは土に埋まっていた！
- そうね。買ってきたかぶには、葉っぱがないけれど、畑に生えているかぶには、たくさん葉っぱが付いているね。緑の画用紙をもんで柔らかくしてみましょう。本当の葉っぱみたいになるよ。

植物

にんじん
Lv. ★★☆

新聞紙を包んでふっくらさせるとまるで本物のよう！

作り方
パス / はる / 新聞紙を色画用紙で包む

かぶ
Lv. ★★☆

プチプチシートを詰めたかぶは感触も気持ち良い！

作り方
プチプチシート / ポリ袋 / もんだ色画用紙 / テープではる

トウモロコシ
Lv. ★★☆

フラワーペーパーの粒々が本物そっくりでおいしそう！

作り方
クラフト紙を巻く / フラワーペーパー / 新聞紙 / 色画用紙 / はる

ゴボウ
Lv. ★☆☆

配色が暗めのゴボウは顔を描いてアクセントに。

作り方
色画用紙 / はる

プチトマト
Lv. ★★☆

フラワーペーパーを丸めて、コロンとしたかわいいトマトに！

作り方
色画用紙 / フラワーペーパー / 水でぬらしたトイレットペーパー

葉っぱ

ここを押さえよう！

いろいろな形

葉脈を強調

いろいろな緑色
（赤やオレンジで秋に！）

ことばがけ（導入例）

- 今日は画用紙で葉っぱを作ります。本当の葉っぱを集めてきたよ。いろいろな形があるね。
- 長いのやまあるいのがある。
- 紙を半分に折りましょう。折ったところを下にして、山の形に切ってください。開いてごらん。
- わあ、開いたら葉っぱの形だ!!

いろいろ葉っぱ

Lv. ★★☆

ちょっとの工夫で立体的でステキな葉っぱに。

作り方

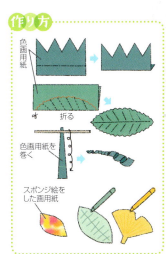

色画用紙

折る

色画用紙を巻く

スポンジ絵をした画用紙

ストローでススキ

Lv. ★★☆

ストローに色画用紙をクルクル巻くだけ。

作り方

切り込みを入れ、カールさせる

色画用紙

セロハンテープで留めて巻く

ストロー

ビニールテープで留める

植物

第6章
水の生き物

海や川で暮らす生き物たち。
どんな世界が広がっているのかを想像しながら
作ってみるのも楽しいですね。

動くクラゲ

階段折りの魚　カメの親子

波のりクジラ

クルリンタコ

仲よしヒトデ

134

封筒と紙テープのイカ

デカルコマニーガメ

ビョンビョンガエル

ダイナミックシャーク

うずまきヤドカリ

マンボウ・ハリセンボン・チョウチンアンコウ

オタマジャクシのおうち

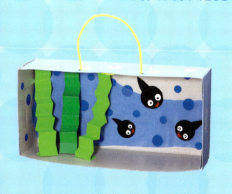

カラフル尾びれのお魚

魚

ここを押さえよう！
しっぽの形を工夫
うろこに見たてた飾り

ことばがけ（導入例）

- 今日は、みんなで、壁に飾る小さなお魚を作るよ。しっぽは、くるっとねじって…ほら、できたよ！
- わあ、本当にお魚のしっぽみたい！
- あとはペンで目や口を描いてね。
- どんなお顔を描こうかなあ。
- では、材料を配りますね。できたお魚は、お道具箱の中に入れてね。

水の生き物

ゆらゆらフレーム Lv. ★

魚形の土台に写真をはたり。つるした魚がゆらゆら揺れるのがかわいい！

透明パックの魚 Lv. ★★★

フラワーペーパーを入れて、画用紙のひれを付けるだけ！

封筒で魚に Lv. ★★

ねじってペンで描くだけ！とっても簡単な魚です。

作り方

たんぽ / 丸シール / ビニールテープ / ストロー / 糸 / 裏面 / セロハンテープ / 写真 / 糸を結ぶ

作り方

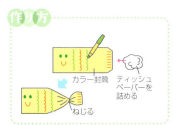

カラー封筒 / ティッシュペーパーを詰める / ねじる

カラフル尾びれのお魚

Lv. ★★★

スズランテープの尾びれがボリュームたっぷりで鮮やかです！

作り方

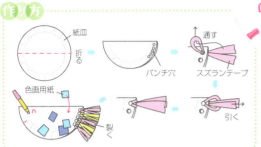

階段折りの魚 Lv. ★★

色紙を階段折りするだけでキュートな魚のでき上がり！

作り方

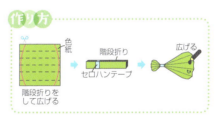

ねじって小魚 Lv. ★

紙テープをねじるだけでかわいい小魚のでき上がり！

作り方

水の生き物

タコ

ここを押さえよう！

大きな頭
足の吸盤
スミをはく
たくさんの足（8本）

ことばがけ（導入例）

- お店屋さんごっこで、みんなはお魚屋さんになりますよ。それで、今日はタコを作りたいと思います。
- タコ、絵本で見たよ。足がいっぱいあって、丸いのが付いていたよ。
- 真っ黒なスミを口からびゅーっと出すの。
- みんな、いろいろ知っているのね。お魚屋さんのタコは、足がくるっと巻いているので、この棒に巻き付けてカールしてね。材料を置きますよ。順番に取りに来てね。

水の生き物

クルリンタコ

Lv. ★★

足をクルンと巻いて本物らしく。吸盤は指スタンプで。

作り方
- 色画用紙
- 頭部分をはり合わせる
- 指でスタンプする（絵の具で）
- マスキングテープ
- 新聞紙
- 丸シール

スミをはいちゃうぞ！

Lv. ★★

勢いよく飛び出すスミはフラワーペーパー。ダイナミックな手足も印象的。

作り方
- 色画用紙の円柱
- はる
- 色画用紙
- フラワーペーパー

138

イカ

ここを押さえよう！

大きめの三角形

たくさんの足（10本）

ことばがけ（導入例）

- お店屋さんごっこをするときのイカを作りたいと思います。
- お寿司で食べるイカは白くて四角いけど…。
- 海に住んでいるときは、どんな形か知っている？
- 知らない…。
- 写真を見てね。
- 細長いね。上のほうが三角になっている!!
- この封筒に紙を詰めて、三角や足を作ってはりましょう。

封筒と紙テープのイカ

Lv. ★★

三角の画用紙で、あっというまにイカの完成。

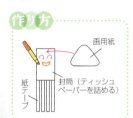

作リ方

スチレントレイイカ

Lv. ★★

長細いトレイの形でイカらしく。表情もユニークに作って。

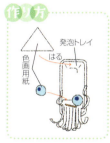

作リ方

水の生き物

139

クラゲ

ここを押さえよう！
ふわふわした素材で軽やかに
たくさんの足

ことばがけ (導入例)

- みんなは、クラゲって知っている？
- この前、水族館で見たよ！ お水の中でゆーらゆら。
- 透き通っているよ。足がたくさんある。
- そうね。今からこの白いビニール袋でクラゲを作りたいと思います。
  ビニール袋の中にカップを入れて逆さまにしましょう。
  それから、袋の口をまとめて閉じてテープで留めましょう。
- わあ、ゆらゆらクラゲに見える!!

水の生き物

動くクラゲ

Lv. ★★★

割りピンで留めた足を自在に動かして遊んでみましょう。

作り方

半分に切った紙皿
裂いたスズランテープ
穴をあけて割りピンを通す

Point
安全のため、割りピンを開いた上からセロハンテープを留めて固定しましょう。

ビニール袋のクラゲ

Lv. ★★

ビニールの透け感がきれい！ 油性フェルトペンで顔を描きましょう。

作り方

空き容器
半分に切る
油性ペン
結ぶ
容器をビニール袋に入れて結ぶ

パッケージクラゲ

Lv. ★★

お菓子の袋を使うので色や模様をカラフルに作れて楽しい！

作り方

お菓子の空き袋
色画用紙
はる
はり金で留める
深めの紙皿

カニ

ここを押さえよう！
大きなつめ
四角形の体

ことばがけ（導入例）

- この赤いお菓子の箱でカニを作りましょう。足やハサミは色画用紙で作ってね。
- 足は、細く切ってはるとできるよ。
- 目は、白い紙にペンで描いたらいいと思う。
- そうね。白い紙も用意するね。お菓子の箱はつるつるしているので木工用接着剤を用意したよ。これではってね。

スケルトンガニ

Lv. ★★

中に詰めるフラワーペーパーは同系色を数種類使うときれい！

作り方

お菓子の空き箱ガニ

Lv. ★★

箱型の立体的なカニ。足は折り目を付けて動きを出します。

作り方

水の生き物

カメ

ことばがけ (導入例)

- 🐵 この前、絵の具で遊んだときに、きれいな色の紙がいっぱいできたね。乾かして取っておいたのよ。ほら、こんなにたくさん！
- 🐵 ほんとうだ！
- 🐵 今日はこれをこうらにしてカメを作りましょう。まず周りを少し丸くして、切り込みを入れます。重ねてはるとちょっぴり膨らんで…ほら、できました。
- 🐵 わあ、顔や手や足を付けたら本当にカメさんだ。
- 🐵 小さなしっぽもあるよ。どの紙で作ろうかなあ。

水の生き物

カメの親子
Lv. ★★

子ガメを乗せてお散歩に出発！ 丸シールで模様を付けて。

デカルコマニーガメ
Lv. ★★

こうらのおしゃれ模様は絵の具のバランスを調整してデカルコマニーで。

キラキラガメ
Lv. ★★

キラキラ色紙は暗めの土台にはると映えます。

クジラ・サメ

ことばがけ（導入例）

- 今日は絵本に出てきたクジラを画用紙で作りましょう。海の上にクジラが上がってくると波が立ってざぶーん！
- クジラは大きくてお山みたい！
- クジラの色を選んでハサミで切りましょう。紙の角から切り始めてお山を登ってちょきちょき。
- お山みたいなクジラの形ができた！
- 目やしっぽ、背中から出ている噴水を付けたらできるね！
- では好きな色を取りに来てくださいね。

潮をプシューッ！

Lv. ★★☆

勢いよく噴き出す潮は、モールで動きを出しましょう。

作り方

波のりクジラ

Lv. ★★☆

波の間からひょっこり顔を出すクジラがキュート！

作り方

ダイナミックシャーク

Lv. ★★★

ギザギザの歯がインパクト大！尾びれはねじって形を作ります。

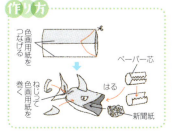

作り方

水の生き物

143

カエルとオタマジャクシ

ここを押さえよう！
大きな目
丸い頭
小さなしっぽ

> **ことばがけ**（導入例）
>
> 👩 今日は、オタマジャクシとカエルの親子を作りましょう。
> まずこの箱でおうちを作ってね。
> お家ができたらカエルやオタマジャクシを作って入れよう。
> 👦 お水もいるよ。何でお水を作ろうかな。
> 👧 石も入れたほうがいいよね。
> 👩 では、箱を配りますね。
> 紙などの材料は、前と後ろに並べるので取りに行きましょう。
> たくさん取らないで使う分だけね。

水の生き物

ビョンビョンガエル
Lv. ★★

階段折りの手足でアクティブに。
顔を大きめに作るのがポイント。

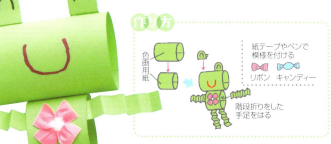

小川をスイスイ♪
Lv. ★★

いろいろな形のオタマジャクシはユニークな形でにぎやか！

144

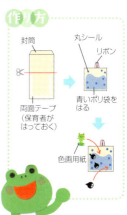

オタマジャクシの池

Lv. ★★

いろいろなところにオタマジャクシを泳がせて自分だけの隠れ家を作ろう！

入れられる！

作り方

封筒 → 丸シール・リボン → 青いポリ袋をはる → 色画用紙

両面テープ（保育者がはっておく）

水の生き物

ランチパックの池

Lv. ★★★

パックの中にオタマジャクシとカラーセロハンを入れて、でき上がり。

作り方

ランチパック・色画用紙・青いセロハンをはる → リボンをセロハンテープではる・ふたに油性ペンで描く・丸シール

オタマジャクシのおうち

Lv. ★★

階段折りした水草が奥行きを出してくれます。

作り方

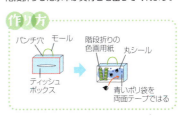

パンチ穴・モール・ティッシュボックス → 階段折りの色画用紙・丸シール・青いポリ袋を両面テープではる

145

海の生き物いろいろ
（ヒトデ・マンボウ・アンコウ・ハリセンボン）

ことばがけ（導入例）

- 海の生き物がいっぱい出てくる絵本を持ってきたよ。
- おもしろい魚がいっぱいだ！ 体から針がいっぱい生えてる！
- 星の形は、ヒトデだよ。
- 今から、好きな魚を選んで作りましょうね。
- みんなで作ったらお部屋が海の中になるよ!!
- 本当だね。では、材料の使い方を聞いてね。

水の生き物

マンボウ　Lv. ★★

カラフルな色紙をコラージュして自由に模様を作りましょう。

ハリセンボン　Lv. ★★

質感のあるとげは片段ボールで。2〜3色あるとにぎやかに。

チョウチンアンコウ　Lv. ★★

アルミホイルのチョウチンがピカピカ光って本物みたい！

146

仲よしヒトデ

Lv. ★☆☆

ツノ部分は山折りにして立体感を出しましょう。

作り方

マスキングヤドカリ

Lv. ★★☆

体をマスキングテープで装飾。色や模様は多めに用意して。

作り方

うずまきヤドカリ

Lv. ★★★

円すいの体に色画用紙のうずまきをはると巻貝らしくなります。

作り方

水の生き物

147

第7章
身に付けるもの

傘や帽子など「身に付けるもの」が大集合。
指輪やブレスレット、メガネなど、
実際に身に付けることのできるアイテムも。

色画用紙のるんるん傘

リュックを見せて♪

時計型ペンダント

プチプチ浮き輪

おしゃれミラー

お洗濯しよう！

クリア腕時計

カラフルポップ眼鏡

キラキラ指輪

クラフト紙で麦ワラ帽子

ビニール傘をさそう

はじき絵の服

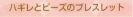
あったか手袋

紙袋リュック

ハギレとビーズのブレスレット

色画用紙でビーチサンダル

149

傘

ここを押さえよう！
半円
長い柄
持ち手

ことばがけ (導入例)

- 雨が降っているね。みんな傘をさしてきた？
- 買ってもらった新しい傘！
- 私はピンクの大好きな傘。
- 今日は、ポリ袋に絵を描いて傘を作ろうと思います。持つところは、ストローで作るよ。(作った傘を見せる)
- わあ、小さな傘だ。ぼくの傘とおんなじ青い袋で作りたいなあ。

たかし

身に付けるもの

色画用紙のるんるん傘

Lv. ★★★

ストローを通したら、本格的な傘のでき上がり！

雨つぶと傘のモビールふう

Lv. ★★☆

いろいろな色の画用紙と丸シールでカラフルにできるといいですね。

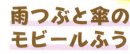

作リ方

4つ折り
ビニールテープ
中心に穴をあける
内側にも巻く
曲がるストローを差し込む
2面を折り畳んではり合わせる
パス

作リ方

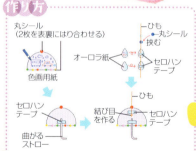

丸シール(2枚を表裏にはり合わせる)
色画用紙
ひも
丸シール
挟む
オーロラ紙
セロハンテープ
セロハンテープ
曲がるストロー
ひも
結び目を作る
セロハンテープ

ビーチサンダルと浮き輪

ここを押さえよう！

← 円形
← 山形
土台は長めの楕円形
周りに装飾
穴

ことばがけ（導入例）

- 今日は厚紙を切ってサンダルを作りますよ。
- どうやって作るの？
- 足の形より大きめに切った紙に細い紙のベルトを付けて作るよ。
- 飾りを付けたいなあ。
- もちろん！ どんな飾りがいいかな？
- ぼくは、車を付ける！ 履くと早く走れるよ。
- 私は、お花!!
- みんないいね。では始めましょう。

身に付けるもの

プチプチ浮き輪

Lv. ★★☆

プチプチした感触が気持ちいい！色選びも楽しめる浮き輪です。

作り方

プチプチシート
両面テープ
ポリ袋
くるくると巻く
輪にしてテープで留める
色画用紙を両面テープではる
油性ペン

空き容器で麦ワラ帽子

Lv. ★★★

包装紙とフラワーペーパーがカラフルで華やか。

作り方

包装紙で包む
透明容器
内側に詰める
色画用紙
切る
フラワーペーパーを丸めてはる

クラフト紙で麦ワラ帽子

Lv. ★★☆

フォルムが本物そっくり！クラフトパンチのお花をアクセントに。

作り方

クラフト紙
透明容器
包む
丸シール
色画用紙
リボン

色画用紙でビーチサンダル

Lv. ★★☆

かかとの部分に模様を描くとビーチサンダルらしいですね。

作り方

色画用紙
ペンで模様を描いてからはる

152

カバン・リュック

ここを押さえよう！
ひもを付ける
ポケット

ことばがけ (導入例)

- 今日は、遠足ごっこをしましょう。
- 遠足ごっこ!?
- まず、リュックサックを作りまーす。ひもが付いているから背負えるのよ！
- わー！作りたい！でも、何も付いていないね…。
- そうね。ポケットを付けたりして飾りましょうか。
- 中には何を入れようかな!!

紙袋リュック

Lv. ★★☆

紙袋に色画用紙で自由にデザインして…。オリジナルリュックサックの完成です。

作り方

紙袋／結び目を作る／スズランテープ／クラフトテープ／色画用紙で作った動物／丸めたフラワーペーパー

リュックを見せて♪

Lv. ★★☆

折り畳み式やポケットなどでリュックサックの中身が見られるのが楽しい！

作り方

中／2つ折りにした色画用紙／コーヒーフィルター／色画用紙／はる／開いたところに好きなものをはる／ティッシュペーパーを詰めてのりではる

裏／布テープ／ひも／結ぶ

表／包装紙／のり／はる／入れる／色画用紙／ポケットやワッペンを作り、小物を入れる

身に付けるもの

手袋

ここを押さえよう！
ミトン型
5本指型
肩掛けのひも

ことばがけ（導入例）

- 今日は、みんなに手袋屋さんになってもらいますね。見ていてね。画用紙にパスで絵を描いて絵の具を塗るよ。（はじき絵をして見せる）
- わあ、絵の具を塗っても絵が消えないよ。
- この魔法の方法で何枚かきれいな紙を作りましょう。乾いたら、手袋の形に切ろうね。

身に付けるもの

作り方

色画用紙／画用紙／フラワーペーパーをねじる／丸シール／自由に飾り付けをする／包装紙

あったか手袋 Lv. ★★★

5本指が自由にオシャレをしていてかわいい！

色画用紙のかんたんミトン Lv. ★★☆

紙テープを小さく切って…すてきな模様になりました！

はじき絵でわくわくミトン Lv. ★★☆

はじき絵で華やかな模様を描くのもいいですね。

作り方

パス／絵の具ではじき絵にする／毛糸／片段ボール

作り方

紙テープ／色画用紙／毛糸

154

パンツ・服

ここを押さえよう！

素材感を生かすとGOOD！

フェルトや毛糸、羊毛など、手芸材料を使うとかわいい！

ことばがけ（導入例）

- （小さなハンガーを見せる）こんなに小さいハンガーを作ったよ！
- わあ、小人さんの洋服を掛けるのかな。
- みんなに洋服屋さんになってもらおうと思いまーす！まず色画用紙を洋服の形に切ってね。できたら飾りの紙を用意したので、ボタンやポケットを付けてみましょう。
- 私はリボンを付けよう！

お洗濯しよう！　Lv. ★★★

ストローのハンガーにお気に入りの服を干そう！　洗濯ごっこができますね。

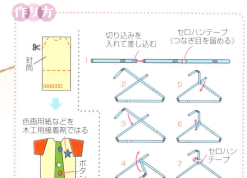

作り方

1. 切り込みを入れて差し込む / セロハンテープ（つなぎ目を留める）
2〜4. （ハンガーの折り方）
5〜7. セロハンテープ

色画用紙などを木工用接着剤ではる　ボタン

ペーパー芯のものほしざお　Lv. ★★★

ものほし台と洗濯物を作って、実際に掛けて遊ぶことができますよ。

作り方

切り込みを入れて倒す → 割りばしを乗せてセロハンテープではる　色画用紙 / モールで形を作る　巻く

はじき絵の服　Lv. ★★☆

どんなお洋服を着てみたい？　と声かけをしながら進めてもいいですね。

作り方

パス　画用紙　はじき絵にする

身に付けるもの

アクセサリー

ここを押さえよう！

ひもにひと工夫するとおしゃれに！

針や文字盤を入れる

輪っかになるように

ことばがけ (導入例)

- 今日は、紙粘土とリボンを使ってネックレスを作りましょう。
- やりたい!!
- まず紙粘土に色を付けて練りますよ。色を選んでね。
- こねこね、おもしろい！ だんだん色が変わってくるよ。
- ほんとね。色が付いたら好きな形にして、ビーズで飾りましょう。
- きれい。いっぱい付けたいなあ。

身に付けるもの

キラキラ指輪
Lv. ★★★

キラキラの指輪ビーズやスパンコールが存在感大！ キラキラ光ってゴージャス。

作り方

ビーズ／スパンコール／はる／ドレッシングなどの内栓

ハートのペンダント
Lv. ★★★

紙粘土は色を付けてカラフルに。好きな形を作ってみても。

作り方
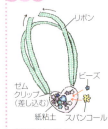
リボン／ゼムクリップ（差し込む）／ビーズ／紙粘土／スパンコール
※紙粘土はペンで色を付けてもOK！

ハギレとビーズのブレスレット
Lv. ★★★

立体と平面の素材がベストマッチしていておしゃれ♪

作り方

マスキングテープ／ヘアゴム／はる／布／ビーズ

おしゃれミラー
Lv. ★★★

持ち手や鏡周りを装飾してキュートな手鏡にしましょう。

作り方

厚紙／キラキラ色紙／リボン／ぼんてん／マスキングテープ／ミラーシート

156

クリア腕時計

Lv. ★★☆

クリアフォルダーの帯にマグネットシートを付けるだけで腕時計のバンドになります。

作り方

時計型ペンダント

Lv. ★★★

リボンを通して、オシャレなペンダント時計に。

作り方

カラフルポップ眼鏡

Lv. ★★☆

丸シールをフレームにカラフルにあしらうと、インパクト大！

作り方

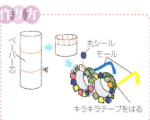

身に付けるもの

第8章
いろいろな人

自分や家族などの身近な人から、お殿様やお姫様などのキャラクター、ウエイトレス、宇宙飛行士などの職業など…さまざまな人を紹介します。

綱渡りの術

レッツフラダンス♪

おくるみ赤ちゃん

ロボットどけい

雪の精

ポーズをきめよ♪

宇宙へGO！

キラキラ王子様

赤ちゃんといっしょ

葉っぱの精

それいけ消防士さん

布をはって

ケーキはいかが?

縄跳びに挑戦!

ミニ姫様

制服でにっこり!

子ども

ここを押さえよう！

手足に動きを出す

ことばがけ（導入例）

- みんなが、園庭で遊んでいるところを画用紙で作ってもらおうと思います。これを見て。（まっすぐに立っているはり絵を見せる）どんな感じがする？
- 遊んでいないみたい。何にもしてないみたい。
- 遊ぶときには、いろいろなポーズをするよね。手を上げたり足を曲げたり。手や足をはる前にいろいろな形に置いてみて、それからはってみましょう。
- はーい。サッカーしているところにしたいなあ。

いろいろな人

いろいろなポーズに
Lv. ★★☆

同じパーツでも、手足を付ける位置によって、いろいろなポーズができ上がります。

縄跳びに挑戦！ Lv. ★★☆

手足に角度を付けてはって、ポーズに躍動感を出しましょう。

作り方

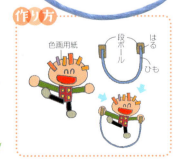

色画用紙　段ボール　はる　ひも

160

あったか服でサッカーしよう Lv. ★★☆

毛糸の色や巻く向きを変えたり、ボタンやポケットを付けたりして、おしゃれな服を。

布をはって Lv. ★★☆

布をはるだけで、温かい雰囲気になりますね。

作り方

作り方

いろいろな人

マフラーを巻いて Lv. ★★★

きっちり編んでも、ゆったり編んでも、かわいいマフラーになるのがうれしい！

作り方

161

子ども（おしゃれ）

ここを押さえよう！
素材を工夫！
カラフルにして子どもらしく

ことばがけ (導入例)

- 昨日作った紙コップのお人形に今からおしゃれな洋服を着せてあげましょう。
- 私も昨日お母さんにかわいいスカートを買ってもらったよ。
- 大きいポケットを付けようかな。
- 先生のエプロンかわいい!! ポケットにネコさんが付いてる！
- しま模様にしたいなあ。どうやったらいいかな。
- こんなふうに（小さな四角を切って見せる）色紙を好きな形に切ってはったらどう？

いろいろな人

着せ替えレインコート
Lv. ★★★

レインコートは取り外しできるので、たくさん作って着せ替えしても！

取り外しOK！

作り方

〈レインコート〉
底を切り取る
半分に切ったクリアカップ
油性ペン

〈人〉
のりではる
半分に切った紙コップ

テープで留める
ポリ袋
人にかぶせる
ここを壁に留める（飾るとき）

レッツフラダンス♪
Lv. ★★★

それぞれ違う素材で作ったカラフルな腰みのを付けると、思わず踊りたくなっちゃう！

作り方

色画用紙
紙コップ
セロハンテープ
先をねじったフラワーペーパー

紙コップ
クレープ紙
巻く
色画用紙

すそを指で広げる
色画用紙
カールさせる

162

海に潜って シュノーケリング

Lv. ★★☆

シュノーケルが立体的で引き立ちますね。

作り方

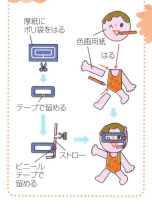

わたしはスケーター

Lv. ★★☆

スケート選手になり切ったポーズの自分を作ってみましょう。

作り方

ぼうしが立体的

制服でにっこり！

Lv. ★★★

立体的な帽子がステキ！制服は自分の園風にアレンジしてみても。

作り方

運動大好き！

Lv. ★★★

体操服にカラー帽子で元気いっぱい！ 運動会シーズンにも使えますね。

作り方

いろいろな人

家族
（お父さん・お母さん・おばあちゃん・おじいちゃん・赤ちゃん）

ここを押さえよう！

大きさ、髪型、服の色、持ち物で変化を！

ことばがけ（導入例）
- この前、みんなが段ボール箱で作ったお家に住んでいる人を作りたいと思います。
- おじいちゃんやおばあちゃんも作りたい。
- 生まれたばかりの赤ちゃんも。
- いっぱい、入るかなあ。
- 大きなお家だからたくさん作ってもだいじょうぶ！

いろいろな人

おくるみ赤ちゃん　Lv. ★★

おくるみはマスキングテープをはってアクセントを付けて。

作り方

- はる
- 色画用紙
- 模様付き色紙
- マスキングテープ

赤ちゃんといっしょ　Lv. ★★★

ベビーカーでいっしょにお散歩。服は包装紙でかわいく！

作り方

- 包装紙
- 色画用紙
- はる
- パンチ穴補強シール

ポーズをきめよ♪　Lv. ★★

腕がひもなので自由自在。手をつないだりハートを作ったりアレンジが楽しめます。

腕が動く

作り方

- 色画用紙
- ひも
- 頭部分だけはる
- 色画用紙
- パンチ穴補強シール

164

大好き家族

Lv. ★★☆

ハートの上に立つお父さんお母さんと自分。鼻が立体的でアクセントに。

作り方

おじいちゃんとおばあちゃん

Lv. ★★★

箱の上に座ってお話する2人は仲よし！

作り方

いろいろな人

宇宙飛行士、ロボット、消防士

ことばがけ (導入例)

- みんなが作りたいって言っていた宇宙ステーションやロケットのことがいっぱい載っている図鑑を持ってきたよ。
- わあ、かっこいい。宇宙飛行士になりたいなあ。
- **宇宙飛行士は、頭に何かをかぶっているね。**
- 大きなヘルメットみたい。靴や手袋も大きいね。
- いろいろな材料を用意したので、組み合わせて作ってみましょう。これは何になるかなあ…。

いろいろな人

ロボットどけい

Lv. ★★☆

針がモールなので、好きな時間に合わせられますよ。

宇宙へGO！

Lv. ★★☆

メタリックなテープや透明容器で宇宙飛行士らしさを演出します。

それいけ消防士さん

Lv. ★★☆

全パーツ色画用紙で作れるので楽ちん！ 模様や色を工夫して。

コックさん・ウエイトレスさん・お医者さん

ここを押さえよう！

ことばがけ（導入例）

- みんなは大きくなったら何になりたい？
- ぼくは、おじいちゃんやお父さんみたいにコックさん！
- そうなのね。いいねえ。
- 私は、お医者さん。病気の人を治してくれるから。
- 今日はお仕事のことがいろいろ載っている本を持ってきたよ。どんなお仕事があるのか見てみようね。

ケーキはいかが？

Lv. ★★★

レースペーパーの帽子とエプロンがキュート！

作り方

いろいろな人

ウキウキコックさん

Lv. ★★★

ズボンは階段折りにして、ウキウキ感を出すのがポイント。

作り方

診察しましょう！

Lv. ★★★

封筒の白衣は新聞紙を詰めて立体的に。聴診器などのアイテムもプラスして。

作り方

167

殿様・姫様・忍者（和風）

ここを押さえよう！

- 目もとを見せる
- ちょんまげ頭に
- 刀を差す
- 日本髪に
- 帯
- 草履

ことばがけ（導入例）

- みんなで空き箱を重ねて作った忍者のお城、もうすぐ完成ね。
- かっこいいお城になってきたよ。
- でもね、先生。忍者がまだできていないよ。
- そうね。今日は画用紙で忍者を作りましょう。どんな色がいい？
- 忍者は黒い服を着ているんだよ。
- 私は赤の忍者がいい！
- 了解！　赤と黒の紙を用意するから好きなほうで作ってね。

いろいろな人

綱渡りの術　Lv. ★★★

円筒にひもを通して左右に動かして遊べるのが楽しいですね。

ミニ姫様
Lv. ★★★

ちょこんとしたフォルムが印象的。首を少しずらしてはるとかわいい！

作り方
障子紙／絵の具で染め紙をする／千代紙／ペーパー芯／マスキングテープ

お殿様のお通りだ！
Lv. ★★★

着物は和の素材を組み合わせると雰囲気が出ますね。

作り方
障子紙／マーブリングをする／はる／和紙／色画用紙／ペーパー芯に和紙を巻く

168

王様・お姫様・王子様（洋風）

ことばがけ（導入例）

- 今日は、紙コップでお姫様を作りましょう。ドレスの紙を用意したよ。触ってみて！
- 何だかしわしわだ。
- クレープ紙っていうのよ。服を作る前にみんなに小さな端切れを配るね。少し引っ張ってごらん。
- わあ、のびる!!
- 優しく片方だけ伸ばすとひらひらフリルになるよ。やってみようね。

キラキラ王子様

Lv. ★★★

きらりと頭に輝く王冠が王子様の風格を表しています。

紙コップキング

Lv. ★★★

ステッキやマントがかっこいい！ 髪はカールさせて王様度アップ。

作り方

いろいろな人

作り方

おすましお姫様

Lv. ★★★

クレープ紙のドレスのすそは長めに膨ませてエレガントさを出しましょう。

作り方

169

妖精
（花の精・雪の精・秋の精）

ここを押さえよう！

翼を付けたり色を工夫するとGOOD！

ティアラ　羽　帽子　ステッキ

ことばがけ (導入例)

- 絵本に出てきた花の精を作ってお部屋に飾りましょう。花の精はどんな格好をしていたかなあ？
- ステッキを持っていたよ。
- ステッキを振るとね、先からお花がふわふわって出てきたよ。
- ひもにお花を通して棒の先に付けると、出てきたように見えるかな？（見せながら）
- 見える！　やってみたい。

いろいろな人

キラキラの精

Lv. ★★★

カラフルなキラキラ素材が目を引きます。オーロラの羽でさらにゴージャスに！

作り方　セロハンテープで留める　色紙　丸めたセロハンとアルミホイル　色画用紙　クリアカップ　オーロラ紙　ねじる

作り方　ペーパー芯　ねじる　フラワーペーパー　モール　パンチ穴　色画用紙

雪の精

Lv. ★★★

2色の羽がラブリー！ステッキにも工夫をプラスして。

作り方　色画用紙　丸シールをはり合わせる　ひも　ストロー　セロハンテープで留める

葉っぱの精 Lv. ★★☆

体中に葉っぱをぺたり。本物の落ち葉を使ってもいいですね。

作り方

お花の精 Lv. ★★★

ストローとビーズの花つなぎとふんわり素材で全体を華やかにまとめます。

作り方

ふわり羽の精 Lv. ★★☆

レースペーパーの羽で妖精らしさをアピールしましょう。

作り方

いろいろな人

第9章
乗り物・建物・風景

乗り物や建物など、
いろいろな場面に登場するものを集めました。
実際に動く車や、本当に引き抜ける畑など、
楽しいアイディアがいっぱいです。

くるくるUFO

窓をあけて

ブルドーザー

わくわくベーカリー　かんたんヨット

ペットボトルの飛行機

シルエットふう汽車

テントオープン！

舟で出発！

遊具で遊ぼう

大きなお山

ファミリーマンション

ステンドグラス風船

にっこり雨粒さんとふわふわ雲

円筒キャッスル

信号機

ロケットに乗って

ひょっこりお月様

アニマル観覧車

173

ロケット、飛行機、UFO

ここを押さえよう！

ドーム型
円盤
先が細い
小さめの羽根
長い羽根
長い機体
炎

ことばがけ（導入例）

- 今日は、作品展のときに飾る飛行機をペットボトルで作りますよ。四角く切ってあるので、作った人を乗せることができるよ。
- わあ、やってみたいなあ。でも羽根を付けないと飛行機に見えないよ。
- 羽根の形に切ったトレイがあるので、これをセロハンテープではりましょう。いろいろなトレイを用意したので好きなものを選んでね。シールやビニールテープも付けて飾ろう。
- はーい。

乗り物・建物・風景

ペットボトルの飛行機

Lv. ★★★

ペットボトルを切り抜いて作る飛行機は、立体的で本格派！

作り方

500mlペットボトル → 丸シール／色画用紙／紙テープ／発泡トレイ／セロハンテープ

ペーパー芯の鳥形飛行機 Lv. ★★

ペーパー芯に色画用紙をはり付けるだけでとってもカンタン！

作り方

ペーパー芯／色紙を巻く → 差す／色画用紙

174

車

ここを押さえよう！

車体は箱でいろいろな形に

ライト

タイヤを強調

※働く車は基本の形に機能をプラス！

ことばがけ (導入例)

- （絵本を見せて）トラックやパトカー、いろいろな車があるね。
- ぼく、車が大好き。
- 土を運んだり、穴を掘ったりする働く車もあるよ。
- そうね。こんなふうに箱を組み合わせたら、車の形ができるね。
- ほんとだ！ タイヤを付けるとかっこいい車になる！

乗り物・建物・風景

パトカーが通ります

Lv. ★★★

タイヤが回るので走らせて遊んでみても。

裏のしかけは…

作り方

色画用紙
空き箱
POLICE
はる　パンチ穴補強シール
ストロー　厚紙

園バスでGO！

Lv. ★★

バスのデザインは自分の園風にアレンジしてもいいですね。

作り方

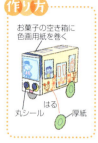

お菓子の空き箱に色画用紙を巻く

丸シール　はる　厚紙

ブルドーザー

Lv. ★★★

切り込みやタイヤの素材を工夫すると、本物そっくりに！

作り方

コンテナ　空き箱に色画用紙を巻く
片段ボール
ペーパー芯
ストロー　マスキングテープ　ボトルキャップ

電車、汽車

ことばがけ (導入例)

- お部屋の窓に黒い紙で汽車を作って飾りたいと思います。黒い紙を半分に折って、折ったところから四角を切り取ると、汽車の窓ができるよ。
- わー！　いくつも作ってつなぎたいな。
- いろいろな大きさの四角を用意したから、つなぎながら作ってみようね。
できた汽車を窓にはるとあけた穴から園庭が見えておもしろいね。

満員電車に乗って

Lv. ★★☆

開くと乗客がこんにちは！
しかけが楽しい電車です。

乗り物・建物・風景

シルエットふう汽車

Lv. ★★☆

影絵のようなデザインなので、壁面にしても映えますね。

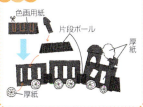

船・ヨット

ここを押さえよう！

- 三角の帆
- 小さめの船体

- 浮き輪
- いくつかのパーツ
- 大きな船体

ことばがけ (導入例)

- 後ろの壁にはってある青い大きな色画用紙なあに？
- 何に見える？
- 海みたい！！
- 正解でーす！ みんなでヨットを作って飾ろうと思います。
- ヨット？
- （写真を見せ）三角の大きな帆の付いた風の力で進む船よ。
- いろんな色の帆があるね。乗ってみたいなあ。

乗り物・建物・風景

プカプカヨット　Lv. ★★☆

帆を変えて模様替えしても楽しい！
クリアフォルダーが涼しげです。

作り方

- ストロー
- マスキングテープで留める
- クリアフォルダー
- 油性ペン
- 画用紙
- 丸シールで飾る
- 差し込む
- はる
- のり
- 段ボール

かんたんヨット　Lv. ★☆☆

画用紙に描いた絵を切って、ヨットに乗せましょう！

作り方

- ストロー
- 模様付き色紙

178

牛乳パック船 Lv. ★★

1本の牛乳パックで作れるアイディア満載の船です。

作り方
ホッチキスで留める
牛乳パック
マスキングテープ

うしろは…

黒の海賊船 Lv. ★★

スカルの旗が目印！ 海賊をたくさん乗せると強そう。

作り方
はる
色画用紙
階段折りにする
色画用紙

舟で出発！ Lv. ★★

おしゃれな帽子がチャーミング。ストローのオールをこいで出発！

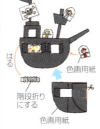

作り方
ホッチキスで留める
牛乳パック
乳酸菌飲料の空き容器
クリアフォルダー
おかずカップ
マスキングテープ
ビニールテープ

乗り物・建物・風景

建物いろいろ

ことばがけ (導入例)

- 昨日、みんなで細い紙をつないで道にして、地図を作ったね。あの地図に建物を並べようと思います。
- 建物？
- お家やお店。マンションのことよ。ほかにも知っているかな？
- レストランとか…。
- 保育園も！
- 駅もあるよ。駅の下がデパートだよ。
- いっぱい知っているね。

ここを押さえよう！

屋根の形、三角や台形

ドアや窓にしかけがあるとGOOD！

乗り物・建物・風景

かわいい屋根のおうち
Lv. ★★☆

模様付き色紙をコラージュした屋根がプリティー♪

作り方

模様付き色紙／ストロー／はる／色画用紙／ストロー

テントオープン！
Lv. ★☆☆

本物のテントのようにめくれるところが本格的！

作り方
- 色画用紙を半分に折る
- 折る
- 画用紙
- ひも
- 裏に折ってセロハンテープで留める
- えんぴつで巻く
- 飾るときは、ひもと画用紙でよりリアルにしてください

わくわくベーカリー
Lv. ★★☆

窓や扉にちょっとした工夫を加えた遊び心満載なパン屋さんです。

開くと…

扉の中も

作り方

画用紙／はる／色画用紙

信号機
Lv. ★★

アルミホイルをはって信号を目だたせましょう。

作り方
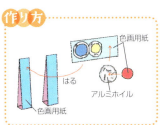

線路
Lv. ★☆☆

線路を描いたあと、階段折りをするのがポイント。

Point
階段折りにすることで曲げることができます。

作り方

ファミリーマンション
Lv. ★☆☆

「ここはだれが住んでいるの？」と友達との会話が広がりますね。

作り方

道路
Lv. ★☆☆

直線とカーブを組み合わせて自由に道を作ってみましょう。

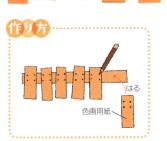

木の柵
Lv. ★☆☆

公園やおうちなどにプラスすると映える万能パーツです。

作り方

作り方
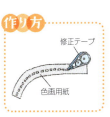

乗り物・建物・風景

181

お城

ここを押さえよう！
- 塔
- 旗
- 三角屋根
- 端が上に上がっている
- 大きな屋根

ことばがけ（導入例）

- この写真を見てね。今日は、日本のお城を作りますよ。
- テレビで見たよ。
- 行ったことあるよ。
- お殿様や着物を着たお姫様のおうちだよ。石をたくさん積んで高くしたところに建てられているんだよ。箱を用意したので、これで作りましょう。あとからお殿様やお姫様も作ろうね。
- はーい。

乗り物・建物・風景

円筒キャッスル
Lv. ★★★

お城も王様もすべて円筒を組み合わせるだけでで き上がり！

作り方

- 色画用紙の円柱
- 色画用紙
- はる
- 階段折り

忍者の城でござる
Lv. ★★★

マーブリングした障子紙で屋根や壁を装飾して怪しげな雰囲気に

作り方

- 色画用紙
- 色画用紙
- 千代紙
- 空き箱
- マーブリングした障子紙
- プラスチック容器

182

遊具

ここを押さえよう！

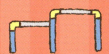

積み木遊びのように形を組み合わせて

ことばがけ (導入例)

- 遠足で行った公園、楽しかったね。いろいろな遊具でいっぱい遊んだね。
- 園庭にも、アスレチックがあったらいいのになあ。
- どんな遊具があったらいいか、みんなで考えて紙で作ってみない？
- うん。すべり台と鉄棒がいっしょになっているといいと思う。
- ぼくは、長―いうんてい。
- では用意をして作りましょう。

遊具で遊ぼう　Lv. ★★

滑り台や吊り輪など、大好きな遊具がいっぱい！
自由に遊んでいる自分を添えて。

作り方

〈用意するもの〉
● 細く切った
- 段ボール
- 片段ボール
- 色画用紙
- クラフト紙
● 丸シール
● モール

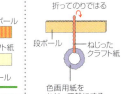

折ってのりではる
段ボール
ねじったクラフト紙
色画用紙をねじって輪にする

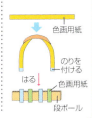

色画用紙
のりを付ける
はる
色画用紙
段ボール

アニマル観覧車　Lv. ★★★

回して遊べる観覧車。
好きな動物を乗せてみよう。

作り方

色画用紙
割りピン
ペーパー芯
厚紙
丸シール
空き箱

乗り物・建物・風景

183

風船

ここを押さえよう！
楕円形
ひも
結び目の小さな三角

ことばがけ (導入例)

- このビニール袋にきれいな紙を詰めて風船の形にしましょう。
- 紙をぎゅうぎゅうって丸めて入れる？
- あまり握って小さくすると膨らまないから広げたままそっと入れてごらん。
  入れた人は手を挙げてね。袋の口を縛ってあげましょうね。
- はーい。たくさん入れたよ。

乗り物・建物・風景

ステンドグラス風船　Lv. ★

透明色紙のコントラストがきれい！
光が差し込む窓に飾っても。

作り方

OPP袋 → 水のりを全体に塗る → 透明色紙を散らす → 畳む → 画用紙にはる → ひも

窓をあけて　Lv. ★★

風船に自分や友達を乗せて。

作り方

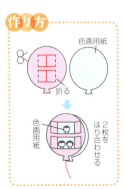

色画用紙
折る
2枚をはり合わせる
色画用紙

カラフル風船　Lv. ★

ビニール袋に詰め込んで、カラフルでかわいい風船の完成！

作り方

ビニール袋
フラワーペーパー
スズランテープ
折る
セロハンテープ
モール

島・山・畑

土台はもんだ紙にすると質感がよい

ここを押さえよう！

うねごとに1列に並ぶ野菜

ことばがけ (導入例)

- 絵本に出てきたしかけがいっぱいある島、おもしろかったね。
- 私たちも紙で作りたいなあ。
- そうね。ちょうど大きな茶色い紙がいっぱいあるの！これをそっともんでしわしわにしたら、島のように見えると思うよ。
- わあ、ほんとだ！ 好きな形にしていい？
- もちろん！ 大きい島や小さな島を作ってみようね。しかけの紙もいろいろ用意するね。みんなは、ハサミとのり、ペンを用意してください。

わくわくアイランド　Lv. ★★☆

ちぎって作るので偶然できるさまざまな島の形が楽しめます。

作り方

階段折りして島と島をつなぐ

二つ折りし、丸く切る

ちぎったクラフト紙をもむ

色画用紙

のり

乗り物・建物・風景

大きなお山
Lv. ★★☆

頂上には木が、地中には冬眠している動物がいてにぎやか！

作り方

色画用紙
はる
色画用紙

野菜畑　Lv. ★★☆

本当に抜ける！

土の切り込みから実際に野菜が抜けるので、収穫ごっこをしてみても。

作り方

厚紙
色画用紙
お菓子の空き箱

185

太陽・月・風・雲・雨など

ここを押さえよう！

太陽の光を表す三角や線

フワフワしている素材で

丸や三日月などいろいろな形

ことばがけ (導入例)

- 発表会のときに手に持って、歌うお日さまとお月さまのペープサートを作ろうね。
- お日さまは、周りがキラキラしているよ。
- 三角を切ってたくさんはるといいかな？
- お月さまは細い三日月にしよう。
- 黄色い紙皿を用意しているよ。できたら裏にテープでストローをはって持てるようにしましょう。落ちないように2か所、留めようね。

乗り物・建物・風景

ひょっこりお月様
Lv. ★☆☆

雲からひょっこりのぞく太陽は表情を工夫して。

作り方

ひゅ〜ひゅ〜風さん
Lv. ★★☆

色画用紙をクルンと巻いたり先端を留めたりして表現します。

Point えんぴつに巻き付けカールしたら、ほどかずにそっと横に引き抜くようにします。

作り方
色画用紙 / 先を丸める / 色画用紙

太陽と月のステッキ
Lv. ★★☆

お遊戯や劇ごっこにも大活躍できるアイテムです。

作り方
紙皿 / ポリ袋 / スポンジ / 厚紙 / 色画用紙 / 丸シール / ストロー / 色画用紙 / ストロー

にっこり雨粒さんとふわふわ雲
Lv. ★☆☆

ふんわり綿で雲っぽさを演出。雨粒に顔を描くとかわいい！

Point 綿をはるときは、土台にのりを付けましょう。

作り方
色画用紙 / 綿

第10章 製作よくばりマニュアル

組み合わせ次第で無限に広がる！

どんな作品を作ろうか…思いつかない！！ と悩んでいませんか？
〈土台〉〈飾り〉〈主人公〉のバリエーションを組み合わせれば、
ステキな作品が無限にでき上がりますよ。

土台いろいろ

使う物

製作よくばりマニュアル

空き箱のレターラック

作り方

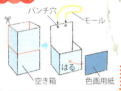

紙皿のレターラック

作り方
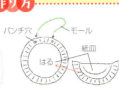

クリアフォルダーのレターラック

作り方

ペン立て

作り方

空き箱に色画用紙を巻く

小物入れ

閉じると…

作り方
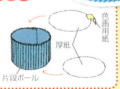

牛乳パックの小物入れ

閉じると…

作り方

P.82のヤギをはって
マスキングテープで飾れば、
かわいいプレゼントに！

＊遊べる土台＊

絵本

作り方

カード型

作り方

収納型

作り方

製作よくばりマニュアル

＊壁かけ＊

かけ軸

作り方

紙皿リース

作り方

モビール

作り方

191

飾りいろいろ

千代紙・色紙

切り抜いて

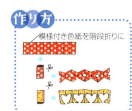

作り方
模様付き色紙を階段折りに

色紙と千代紙を組み合わせて

ちぎって

結晶切り

作り方
キラキラ色紙

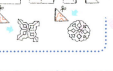

重ねて切って

土台（P.189の置き飾り）にサンタクロース（P.28）と飾ると…

製作よくばりマニュアル

フラワーペーパー

中央をつまんでねじる

重ねて畳んで広げよう

ねじってリボン

丸めて

192

紙テープ

柔らかい雰囲気になりますよ。

色画用紙を紙テープ状に

しっかりした形や雰囲気にしたいときに！

片段ボール

四角く切って

すき間に差し込んで

うずまき

土台（P.190の絵本）にヒヨコ（P.72）と飾ると…

マスキングテープ

重ねてはって

セロハンテープの代わりに

毛 糸

グルグル巻いて

うずまき

土台（P.191のモビール）にミノムシ（P.105）と飾ると…

短く切って

製作よくばりマニュアル

いろいろな平面技法

画材の特徴を生かした技法を施した紙は、色や模様が美しく、これを使うことで、製作物がより表情豊かなものになります。
平面技法を楽しむ技法遊びは、子どもたちにとって何度もやってみたい活動です。
技法遊びでできた紙をふだんから、きれいに整理をしてストックしておくとよいですね。

製作よくばりマニュアル

1 スタンピング　Lv. ★

いろいろなものを版にして型を写す技法。

作品例

準備のポイント　重ねた新聞紙やタオルを用意してその上で押すときれいに写ります。

2 バチック（はじき絵）　Lv. ★

パスが絵の具をはじく性質を生かした技法。

作品例

準備のポイント　パスをはじく絵の具の濃さを確かめて用意しましょう。

3 ペンのにじみ絵　Lv. ★

水性のペンで描いた後、霧吹きや筆の水でにじませる技法。

作品例

準備のポイント　水性フェルトペンはメーカーや種類によってにじみ方が違います。必ず事前に試してみましょう。

4 デカルコマニー（合わせ絵）　Lv. ★★

 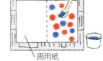  

2つ折りにした紙に絵の具をたらし、合わせて写す技法。

作品例

準備のポイント　濃いめの絵の具を多めに用意。広げたら新聞紙に押し当て余分な絵の具を取り除いておくと乾いても紙が反り返りません。

5 染め紙　Lv. ★★☆

和紙や障子紙に絵の具をしみ込ませて染める技法。

作品例

準備のポイント　破れにくくて吸い込みのよい和紙や障子紙を選びましょう。事前に試しておくことが大切です。

6 マーブリング（墨流し）　Lv. ★★★

水を張ったトレイに彩液や墨汁を流して写し取る技法。

作品例

準備のポイント　混ぜすぎると模様がぼやけてしまいます。細めの棒を用意しておきましょう。

7 コンテの指ぼかし　Lv. ★★☆

コンテを指でこすってふんわりとぼかす技法。

作品例

準備のポイント　コンテをほかの紙に付けたものを指に取ることで柔らかなぼかしができます。小さめに切った画用紙を用意しておきましょう。

8 のり絵の具　Lv. ★☆☆

接着力が増すように、濃いめに溶いた絵の具に少量のりを混ぜておく技法。

色画用紙、フラワーペーパー、毛糸など

作品例

準備のポイント　のりは溶けにくいので水を入れる前に絵の具に加えて。

製作よくばりマニュアル

接着方法と道具類の使い方

製作の基本である「はる・切る」について、
素材に応じた使い分けや年齢に応じた準備のしかたなどを紹介します。

製作よくばりマニュアル

⭐1 基本 のりの使い方　Lv.★☆☆

つぼ型容器入りののりを指でじかに取って使います。指の感覚でその量の加減を覚えることが大切です。

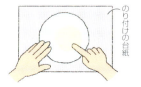

準備のポイント　つぼ型容器ののり、のり付け台紙、ぬらして絞ったおてふきを用意しましょう。
（紙類は、ほぼのりではることができますが、光沢のある紙類は、木工用接着剤がよいでしょう）

⭐2 応用 のりのはり方　Lv.★★☆

小さく切った紙やフラワーペーパーなど細かいものや薄いもののはり方。

作品例

⭐3 テープ類の使い方

ペットボトルなど紙以外のものの接着に使います。

作品例

⭐4 木工用接着剤　Lv.★☆☆

自然物や、布、毛糸、段ボール箱類の接着には木工用接着剤が向いています。

作品例

準備のポイント　お菓子の小箱などを組み合わせて製作をするときは、へこみを防ぐため、あらかじめ箱の中に新聞紙を詰めておくと接着がしやすくなります。

1 基本 **ハサミの使い方** 製作をするときに欠かせないハサミ。基本的なハサミの扱い方について紹介します。

初めてのハサミは1回で切り落とせる幅の紙で。
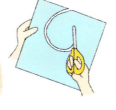
紙を持つ手を回し、ハサミは、その位置で閉じて開いて。

渡すときは持ち手を相手に向けて。

準備のポイント 使い始めは、数名ずつていねいに指導しましょう。

 2 丸を切る　Lv.★★☆

顔やタイヤなど丸を切るとき、思っているよりも小さくなってしまうことも。四角の角を落としながら切るとよいでしょう。

慣れてきたら、紙を回して切りましょう。

準備のポイント 作りたい丸の直径ほどの正方形を用意します。

作品例

 3 重ねて切る　Lv.★★☆

花びらなど同じ形を何枚も作るときは紙を折り、重ねて切りましょう。

準備のポイント 画用紙は、重ねて切ることはできません。折って切るときは色紙ほどの厚さのものを用意しましょう。

作品例

 4 左右対称のものの切り方　Lv.★★★

葉っぱやハートなど左右対称のものは、半分に折って切るとうまく切れます。

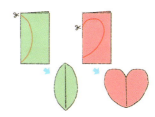

準備のポイント 初めのうちは　折ったところではなく開いたところから切ってしまう子もいます。間違ってもよいように紙は余分に用意しましょう。

作品例

製作よくばりマニュアル

その他の道具類

穴あけパンチ、クラフトパンチ　Lv.★★

ひもを通すときだけでなく丸い穴のたくさんあいた紙を作るときにも使えます。また花形や星形など豊富な種類のクラフトパンチもあります。用途に合わせて使いましょう。

※紙が薄いとうまくできないことがあります。色紙などは重ねてパンチを使いましょう。

準備のポイント
1穴と2穴があります。決まった幅に穴をあけたいときには2穴がよいでしょう。また穴をあけたときに出た小さな丸形の紙もためておいて使うことができます。

作品例

ホッチキス　Lv.★★

使い始めは、ホッチキスを机に置いて紙を挟み、上から押さえるようにして留めます。

紙を束ねるとき以外にも2つの紙に橋を架けるように留めると可動式の留め方ができます。

〈可動式〉

準備のポイント
ホッチキスの針でけがをしないように、裏に出た針をセロハンテープではり、覆っておきましょう。

セロハンテープ

作品例

丸い棒　Lv.★★

紙をカールするときには丸いはしや色えんぴつなどを使います。

ほどかず横に抜く

丸いはしなど

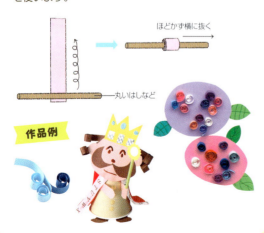
作品例

洗濯バサミ

- のりの接着に時間がかかるときは洗濯バサミで留めておくと便利です。
- 木の洗濯バサミや色のきれいなものは、作品の展示にも使えます。
- 名前を書いた洗濯バサミを用意しておき、できた作品に付けることで記名に手間取ることがなくなります。

乾かすときに　　名札として

作品の展示に